LA FRANCE A TUNIS.

EXPÉDITION FRANÇAISE

EN

TUNISIE

1881-1882

PRÉCÉDÉE

D'UNE DESCRIPTION GÉOGRAPHIQUE ET HISTORIQUE
DE LA RÉGENCE DE TUNIS

PAR MAURICE BOIS
Capitaine au 76e régiment d'infanterie,
Ancien professeur-adjoint de géographie et de statistique
à l'École spéciale militaire de Saint-Cyr, Officier d'Académie

PARIS
LIBRAIRIE MILITAIRE DE L. BAUDOIN ET Cie
IMPRIMEURS-ÉDITEURS
30, Rue et Passage Dauphine, 30

1886

EXPÉDITION FRANÇAISE

EN

TUNISIE

OUVRAGE DU MÊME AUTEUR :

LES HAUTES-PYRÉNÉES.

Histoire et géographie. — Description des principales villes : Tarbes, Bagnères-de-Bigorre, Lourdes, etc..., avec cartes et plans. — (Documents inédits sur la campagne du maréchal Soult dans les Pyrénées).

A Tarbes, chez Cazeaux, 1885. Prix : 3 fr. 50.

LA FRANCE A TUNIS.

EXPÉDITION FRANÇAISE

EN

TUNISIE

1881-1882

PRÉCÉDÉE

D'UNE DESCRIPTION GÉOGRAPHIQUE ET HISTORIQUE

DE LA RÉGENCE DE TUNIS

PAR MAURICE BOIS

Capitaine au 76e régiment d'infanterie,
Ancien professeur-adjoint de géographie et de statistique
à l'École spéciale militaire de Saint-Cyr, Officier d'Académie.

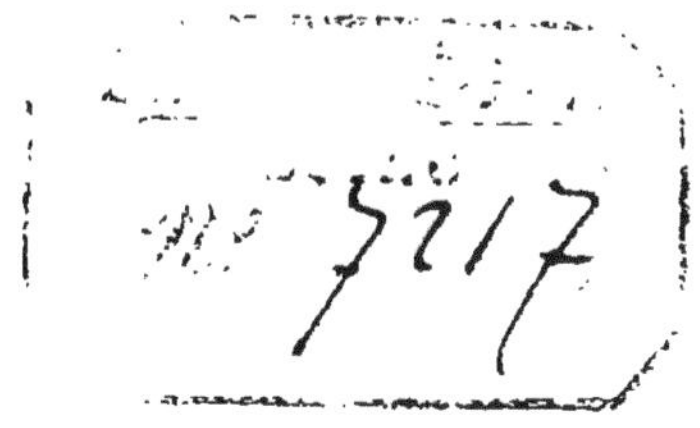

PARIS

LIBRAIRIE MILITAIRE DE L. BAUDOIN ET Ce

IMPRIMEURS-ÉDITEURS

30, Rue et Passage Dauphine, 30

1886

PRÉFACE.

Du jour où notre drapeau flotta sur les remparts d'Alger, la France devait, fatalement, dans un avenir plus ou moins prochain, se trouver à Tunis en présence de l'Italie. Après l'expédition française de 1881, les Italiens regrettèrent de ne pas nous avoir devancés dans l'œuvre civilisatrice dont notre armée avait été l'instrument; mais nous étions de trop puissants voisins pour que notre influence politique ne prévalût pas à la cour du bey.

« La Tunisie, disait M. de Tchihatchef, en 1880, est la continuation, le complément naturel de l'Algérie; elle doit un jour lui être rattachée, c'est une question d'humanité; il importe que cette splendide contrée redevienne le grenier et le jardin de l'Europe; alors seulement, la mission providentielle de la France en Afrique sera accomplie. »

Cette mission, la France en a commencé l'accomplissement au printemps de 1881. Poussée à bout par des provocations auxquelles les Italiens n'ont pas été étrangers, elle s'est vue forcée de donner à la question tunisienne une solution que jusqu'alors elle avait été bien loin de vouloir précipiter. Les troupes françaises entrèrent en Tunisie, et le traité du 12 mai consacra notre protectorat dans la Régence.

La campagne ne se termina pas à la signature du traité du Bardo, pas même après le châtiment des Kroumirs ; il fallut, au lendemain du rapatriement du corps expéditionnaire, envoyer de nouvelles troupes sur le sol tunisien et marcher sur la ville sainte de Kaïrouan, foyer d'insurrection qui menaçait de prendre des proportions inquiétantes.

Tel est le sujet que nous avons entrepris de traiter. Nous avons voulu faire le récit de l'expédition française de 1881 en Tunisie, et renvoyer le blâme à ceux qui, dans leur critique malveillante, n'ont vu dans les opérations conduites par nos généraux, qu'une armée à la recherche du Kroumir introuvable.

Mais avant de rapporter les événements dont la Tunisie a été le théâtre en 1881, nous avons jugé à propos de faire une description géographique de cette contrée et de parler du passé de la Régence.

MAURICE BOIS.

Orléans, novembre 1885.

LA

FRANCE A TUNIS

CHAPITRE PREMIER

La Tunisie : situation : limites. — Climat. — Population : races : tribus. — Littoral tunisien. — Orographie : le sol : productions. — Hydrographie : les grands chotts : mer intérieure : fleuve Triton. — Description des principales villes de la Régence : voies de communication.

§ Ier. — La Tunisie ; situation ; limites. Climat. — Population ; races ; tribus.

La régence de Tunis est située à l'est de cette partie de l'Afrique septentrionale qu'on appelle le *Magreb;* elle a pour limites : à l'ouest l'Algérie, au sud le désert, et à l'est et au nord la mer, depuis Tabarca jusqu'à la Tripolitaine. Elle s'étend du 32° 23' au 38° 20' de latitude nord et du 5° 40' au 9° 12' de longitude est.

« La Tunisie (1) occupe une position géographique admirable, bien plus heureuse que celle de l'Algérie, sa voisine, dont les côtes, battues par une mer dangereuse, se développent de l'est à l'ouest, sans endentations considérables. Les rivages de Tunis, situés à une égale distance du détroit de Gibraltar et de Suez, surveillent le passage qui met en communication les deux

(1) Élisée Reclus. *Un voyage en Tunisie* (*Revue des Deux-Mondes*, 1er mars 18[illegible]).

grands bassins de la Méditerranée, et s'avancent vers cette nappe d'eau presque fermée qu'entourent l'Italie, la Sicile, la Sardaigne et la Corse... Grâce au reploiement de sa côte dans la direction du sud, aucune partie de la Tunisie n'est éloignée de la mer; les oasis viennent elles-mêmes effleurer le rivage et fournissent ainsi une route des plus faciles aux caravanes qui se dirigent vers l'intérieur du continent. »

La limite entre la Tunisie et l'Algérie commence au cap Roux, se dirige vers le sud, coupe l'oued Djenam qui se jette dans la baie de Tabarca, suit à une certaine distance (vers le sud-ouest) la rive gauche de l'oued El Kebir, contourne le djebel Dinar qu'elle laisse à la Tunisie, reprend à partir du djebel Adissa la direction du sud-ouest et se continue par le djebel Tagma, le djebel Ghorra, le djebel Dyr, le djebel Ouchtettas, le djebel Amra; elle contourne ensuite le djebel Addeb, se dirige brusquement jusqu'à l'oued Medjerda qu'elle coupe à quelques kilomètres en amont de Ghardimaou et suit du nord au sud un tracé à peu près régulier.

A partir de la Medjerda, la ligne frontière rencontre le djebel Echbeld, le djebel Arraba, coupe l'oued Mellègue, suit son affluent l'Horrhir, coupe le djebel Bou Jaber, le djebel Bou Rebia, l'oued Serrat, affluent de l'oued Horrhir, le djebel Zerissa, le djebel Zergua, laisse Négrine à l'Algérie, coupe le chott El Gharsa, contourne le chott El Djerid, et se dirige vers le sud-est jusqu'à treize kilomètres sud du puits d'El Merhotta, à l'extrémité du Nefzaoua; elle s'infléchit ensuite vers le sud-est, à hauteur de Douirat, et remonte vers le nord-est jusqu'à la mer, qu'elle atteint au fortin d'El Biban.

Le climat de la Tunisie est généralement semblable sur le littoral à celui des côtes méridionales de l'Europe. Dans l'intérieur, il varie en raison de l'altitude. La moyenne en été est de 25° à 35°, et en hiver de 10° à 18° ; la moyenne annuelle est de 24 degrés.

L'hiver ne dure guère que deux mois (janvier et février), le printemps finit vers le 15 mai. L'été, saison pendant laquelle il pleut rarement, se prolonge jusqu'en octobre, et les premières pluies annoncent l'automne.

« Les chaleurs de l'été, dit M. Tissot, sont singulièrement modifiées en plus ou en moins par les vents qui dominent alternativement. Accablantes lorsque règnent les vents du sud-est et du sud, elles sont très supportables sous l'influence des vents du nord et du nord-est. Les vents du nord-est et d'est dominent de mai en septembre; les vents soufflent le plus souvent du nord-ouest et de l'ouest pendant le reste de l'année. Les vents du nord amènent souvent de fortes pluies (1). »

« Sur la côte, la température est souvent rafraîchie par la brise du large, qui règne depuis huit heures du matin jusqu'au coucher du soleil; toutefois les vents de terre sont insupportables et étouffants, ils amènent des nuages d'un sable fin qui obscurcit l'atmosphère et pénètre partout (2). »

La population de la Régence est de 1,800,000 habitants, qui se subdivisent en Maures, Arabes, Juifs, Berbères ou Kabyles mélangés d'Arabes, de Koulouglis et

(1) Le sirocco, ou vent du sud-est, est incontestablement le plus désagréable de tous, il dessèche tout sur son passage, « en accablant l'homme ainsi que les animaux ». (G. des Godins de Souhesmes.)

(2) *Revue maritime et coloniale* (1882).

de populations noires du Soudan. Ajoutons à ces races les colonies européennes, maltaise, italienne, grecque, française et anglaise.

Le Nord est peuplé de Berbères, ainsi qu'une grande partie de l'intérieur, la presqu'île du cap Bon et la plus grande partie du Sahel.

Le Berbère est essentiellement sédentaire ; il se livre à la culture ou au commerce.

« Le Berbère est le Lybien d'Hérodote et de Scylax, le Maure ou le Maurusien des écrivains grecs de la seconde époque, le Gétule, le Numide, le Maure et en général l'*Afer* de l'époque romaine. Il n'a rien de commun avec le colon phénicien; une langue à part, profondément distincte des langues sémitiques, bien qu'ayant avec elles des traits de ressemblance, est à cet égard le plus irrécusable des témoignages (1). »

D'après M. Tissot, « deux groupes humains, dès l'époque la plus reculée, ont peuplé le massif atlantique : l'un remontant du Sahara vers le nord, l'autre descendant de l'Europe méridionale vers le sud. Tel lui paraît être le fond primitif de la race berbère, et il y distingue dès lors, les deux éléments ethniques dont on retrouve la race dans les traditions des âges suivants, comme on les reconnaît encore dans l'anthropologie africaine : une race brune européenne et une race brune saharienne profondément distincte de la race noire; et, dit-il, c'est à cette première et puissante couche indigène que sont venus s'ajouter successivement, du nord, de l'est, peut-être de l'ouest, les divers éléments étrangers où l'on a prétendu reconnaître la

(1) E. Renan, *La Société berbère* (*Revue des Deux-Mondes*, 1er septembre 1873).

race berbère primitive, et qui ne sont en réalité que des composants de la race berbère actuelle. »

A côté des deux races brunes, qui constituent le fond de la race berbère, il existe surtout dans la partie septentrionale de la Tunisie, un élément blond (1) dont l'importance n'a été reconnue qu'à une date très récente. Beaucoup de Berbères sont blonds, parmi les montagnards de la Tunisie, surtout dans l'île berbère de Djerba.

Le docteur Broca et le général Faidherbe ont cru devoir affirmer que ces populations, d'origine aryenne, ont pénétré en Afrique par le sud de l'Espagne ; on ignore la date de cette grande immigration des aryens en Afrique. D'après les recherches de certains savants, elle se serait produite vers le XVe siècle avant notre ère.

« Le Berbère a la peau bistrée et noircie par le soleil, les cheveux bruns ou rouges; il est trapu, de formes maigres, mais vigoureuses ; il a le visage court, le front large, le nez épais, la bouche lippue et le regard féroce, malgré ses yeux bleus.

« La femme berbère est robuste, aux formes opulentes, et elle n'a pas moins de rudesse que son mari. Comme lui, elle va pieds nus et se tatoue bizarrement la figure; elle ne porte d'autres ornements que des anneaux de métal aux oreilles, aux bras et aux jambes. Sans coiffure, les cheveux flottants ou négligemment retenus par un simple cordon, elle vaque à ses tra-

(1) « L'existence d'une grande race blonde dans l'Afrique septentrionale est d'ailleurs attestée par des monuments bien antérieurs à Scylax et à Callimaque, puisque les *Libou* et les *Tamahou* des bas-reliefs de la XIXe dynastie égyptienne sont représentés avec des traits européens et des cheveux blonds. » (Tissot.)

vaux quotidiens, le visage découvert et se présente non voilée devant les étrangers (1) ».

Les Arabes de la Tunisie, comme ceux d'Algérie, sont essentiellement nomades ; ils occupent le centre et le sud de la Régence et forment avec les Berbères, les deux tiers de la population de la Tunisie.

« Auprès du Kabyle, l'Arabe est reconnaissable à sa taille élancée, à sa maigreur musculeuse et à sa belle prestance, remplie de noblesse et de majesté. Il a l'œil noir et vif, des traits fins, le visage ovale, le nez aquilin, les lèvres minces, la barbe rare et noire. Sa physionomie intelligente exprime la ruse.....

« La femme arabe, bien prise dans sa petite taille, est assez jolie, sans être véritablement belle ; malheureusement, ses grâces passent vite ; mariée à douze ans, elle paraît déjà vieille quand elle a atteint sa vingtième année..... Pour elle, le repos n'existe pas : elle file et tisse les étoffes destinées à vêtir son mari ou à confectionner les tentes de la famille..... Souvent aussi, elle est obligée de manier la charrue et de se livrer aux travaux les plus rebutants ou les plus pénibles. Pendant ce temps, le mari hume des tasses de moka ou flâne en fumant (2). »

Contrairement à la femme berbère, qui va le visage nu, la femme arabe est toujours voilée.

« Le Kabyle se distingue généralement de l'Arabe en ce qu'il s'attache davantage au sol, habite les montagnes et se construit des maisons en pierre. Il est aussi plus laborieux, plus industrieux et plus civilisable que l'Arabe ....

(1) G. des Godins de Souhesmes.

(2) G. des Godins de Souhesmes.

« Le Kabyle est tenace, généreux, hospitalier, loyal; l'Arabe est plus mobile, d'un commerce peu sûr et menteur autant qu'un homme peut l'être (1). »

Les juifs sont au nombre d'environ 50,000 dans la Régence et ils détiennent la plus grande partie du commerce tunisien. Ils sont facilement reconnaissables à leur type, qui est très beau, et à leur costume. La plupart de ceux qui s'adonnent au commerce s'habillent à l'européenne, mais portent la chechia rouge (sorte de calotte en cône tronquée).

Un certain nombre roulent autour de la chechia une cravate noire en forme de turban. Ceux qui s'habillent encore à l'orientale portent une large culotte turque, une ceinture autour des reins et un petit burnous jeté sur les épaules.

Les juives de Tunis sont généralement fort belles lorsqu'elles sont jeunes; elles se flétrissent de bonne heure. On les marie entre douze et quinze ans, et avant de les marier on les engraisse (2) afin de leur donner l'embonpoint qui, chez les juifs, de même que chez les Maures, constitue la suprême beauté, « la taille trape étant la plus estimée entre eux, à cause de la force, dont ils font grand estat (3). » « Elles s'habillent d'une façon aussi peu décente que coquette..... ; leur

(1) Albert de la Berge.

(2) Afin de les amener au degré voulu, on nourrit la femme pendant les quarante jours qui précèdent le mariage avec du couscoussou, de la chair de jeunes chiens, du foie de cheval et des boulettes de graisses oléagineuses. Privée de tout exercice, elle est enfermée dans un lieu sombre et humide, on lui donne beaucoup à boire et on la fait dormir le plus possible. Parfois les malheureuses succombent à ces pratiques, surtout quand, fiancées à un homme veuf, il faut qu'elles remplissent la capacité des bracelets qui ont appartenu à sa précédente femme ; mais si elles ont pu supporter le régime, il est rare qu'elles perdent par la suite leur volumineuse difformité. (G. des Godins de Souhesmes.)

(3) Mezeray, *Histoire des Turcs*.

manière de se vêtir est l'emblème de leurs mœurs, dont la facilité dépasse tout ce qui se voit en Europe (1). »

Elles vont dans les rues le visage découvert, « portant des pantalons collants en soie brochée, des bas de coton de couleur voyante, des chemises bouffantes, avec une casaque de soie rayée et une sorte de bonnet phrygien à pointe recourbée (2). »

La femme maure est également belle, et, à quelque classe qu'elle appartienne, elle est d'une extrême coquetterie et se charge de bijoux. Quand elle sort, elle porte le *gandoura*, espèce de tunique d'étoffe claire attachée sur les épaules à l'aide d'épingles d'or ou d'argent, un pantalon de toile blanche qui descend en fronçant jusqu'à la cheville, un mouchoir blanc sur la tête et un long voile brodé, qui enveloppe tout le visage, sauf les yeux.

« Le matin, les femmes maures portent un négligé plus que léger ; quiconque a pu les surprendre à ce moment de la journée, allant et venant dans le harem, n'oublie jamais l'apparition de ces femmes, revêtues d'une simple chemise à manches courtes qui laisse voir leurs bras gracieusement potelés, et d'un caleçon descendant à peine jusqu'aux genoux. Un petit châle dont les bouts sont noués devant la ceinture tient lieu de jupon et voile les formes que le caleçon dessine trop franchement. La gorge est soutenue par un corsage étroit qui la ramène en avant et un simple foulard maintient les cheveux dont les boucles tombent sur le cou (3) .»

(1) Anna de Voisins (*Revue politique et littéraire*, 1881).
(2) Des Godins de Souhesmes.
(3) Des Godins de Souhesmes.

La Mauresque se peint les sourcils en noir, se brunit les paupières avec de l'antimoine et se rougit avec du henné la paume des mains, les ongles et les pieds, ce qui leur donne une teinte orange foncé ; suivant les expressions d'un prédicateur, s'adressant à nos Françaises, « elles raturent l'œuvre de Dieu », qui est remarquablement belle chez elles, et qui, sans ce maquillage, y gagnerait considérablement.

On trouve encore en Tunisie le Koulouglis, type indigène, produit de la race turque croisée avec la race maure.

Le Koulouglis a la peau fine et plus blanche que l'Arabe. Mou, indolent, au visage placide et d'un tempérament lymphatique, il est aussi vaniteux qu'ignorant et jouit de peu d'estime et de considération parmi les autres musulmans.

Le nord de la Tunisie, la Kroumirie principalement, est peuplée par les Berbères. A l'est des Kroumirs on remarque les Nefza, au nord de Béja, et relevant de ce commandement ; plus à l'est et au centre de la région septentrionale, on trouve le pays du Mogod, et, à l'est de celui-ci, les tribus des Mekna et des Hezil, dépendant du gouvernement de Mateur.

Au sud de ces tribus, un groupe important relève du gouvernement du Kef, savoir : les Zeghalma, Ouled bou Ghanem, Khememsa et Doufan, Charen, Ouargha, Ouled Yacoub, Touaba et Gouazin.

Entre le pays des Kroumirs et les tribus dépendant du Kef, on trouve, sur notre frontière algérienne, les Hakim, Osdira, Ouchtettas, Beni Merassen, Ouled Ali, Beni Mazen, Ouled Solthan, Ouled Ali Mfodda.

La plaine de Dakla est habitée par la population Bachia des Ouled bou Salem ; un peu plus au nord (et au nord même de Béja), sont les Djeladjela, et, à l'ouest de ces derniers, les Chiaïa; enfin, au sud de ces tribus, sur la rive droite de l'oued Medjerda, les Djendouba.

A Medjez el Bab et à Khich el Oued sont les Riah, et, si l'on suit la vallée de l'oued Medjerda, on voit les Ouata, à hauteur de Tebourba, et, au sud de cette ville, les Trabelsi.

Dans la vallée de l'oued Khalled, on trouve les Ouled Ayar; les Ouled Aoun sont établis dans celle de l'oued Siliana; les Drid occupent enfin la région comprise entre l'oued Miliana et le territoire des Trabelsi.

Dans la Tunisie centrale, les tribus situées sur les rives de l'oued Fekka sont: les Fréchiche, les Mejers et les Zlass au nord, et les Hammama au sud.

Le long de la côte, sur le golfe de Hammamet, sont les Ouled Saïd et, à l'est de la sebkha de Sidi el Hani, les Souassis; puis, en allant vers le sud, on rencontre successivement, les Mthalith, les Nefat, les Mahadeba, et dans l'Arad (région avoisinant la petite Syrte), les Beni Zid avec les Hazzem, les Matmata, les Hamarna, les Alaia et les Akara; plus au sud, enfin les Ouerghamma sur les confins de la Tripolitaine.

Au sud-ouest de la Tunisie, on trouve le Djerid avec l'Oudian, et, au sud-est des grands chotts, le Nefzaoua; plus au sud on rencontre les tribus des Merazig et celle des Ouled Yacoub.

§ II. — Littoral tunisien.

Le littoral tunisien commence au cap Roux et finit à la Tripolitaine: « Projeté dans la direction de l'Europe comme pour prendre sa part du commerce immense qui anime la grande mer italienne, il offre l'avantage d'être plus profondément découpé et de posséder de meilleurs mouillages que les autres parties du continent d'Afrique (1). » Il comprend :

1° La côte du nord-ouest (*versant de la Méditerranée occidentale*) qui s'étend du cap Roux au cap Bon (*ras Addar*);

2° La côte du sud-est qui appartient à la *Méditerranée orientale* et finit à la Tripolitaine.

1° Côtes de la Méditerranée occidentale.

Par son aspect et par sa constitution géologique la côte de la Méditerranée occidentale rappelle cette ligne de falaises ou de pentes abruptes qui commence au détroit de Gibraltar et s'étend au nord du Maroc et de l'Algérie. Généralement élevée, elle présente une succession de plages et de falaises jusqu'à la baie de Tabarca dans laquelle se trouve l'île de ce nom, qui est un des plus beaux panoramas du littoral tunisien.

Tabarca (2) est une île rocheuse et dénudée qui appartenait aux Génois avant la seconde moitié du siècle dernier. Sa longueur est environ de 600 mètres du nord au sud, son mouillage est mauvais par les vents du nord-ouest.

A Tabarca, la côte quitte sa direction primitive, ouest-est, pour prendre celle du nord-est jusqu'au cap Blanc. On rencontre les caps Négro et Serrat (*Apollinis templum*), tous deux importants à cause de la

(1) E. Reclus. *Un voyage en Tunisie* (*Revue des Deux-Mondes*, 1er mai 1863).

(2) Le 25 avril 1881, le cuirassé la *Surveillante* bombarda les deux forts de Tabarca. Voir le chapitre III.

grande quantité de corail qu'on y pêche, et le *ras Alluglêa,* non loin duquel sont situées les îles *Fratelli*, qui ne sont que des récifs en face d'une côte dangereuse et découpée par les *ras El Doukhara, Al Koran et Engela.*

La côte se continue vers le nord-est jusqu'au cap Blanc (*ras El Abiad, promontorium candidum*) (1), point le plus septentrional de l'Afrique et où commence la baie (*sinus Hipponensis*) au fond de laquelle est située Bizerte (*Hippo-Diarrhytus, Hippone Zarite*), dont le port, jadis un des meilleurs de la Méditerranée, est aujourd'hui en partie comblé, et ne peut recevoir que des bateaux du plus faible tonnage (2).

La baie de Bizerte finit au ras Zebib ou Sidi ben Choucha, et, non loin de là, on aperçoit les îlots des Chiens, avec un phare. La côte s'infléchit ensuite légèrement vers le sud-est jusqu'au *ras Sidi Ali el Mekki* (*promontorium Apollinis*), qui laisse à l'ouest l'île Pillau et se prolonge en mer par l'île Plane, l'antique *Korsura.*

Le golfe de Tunis (*sinus Uticensis*) commence au cap Sidi Ali el Mekki et se termine au cap Bon (*ras Addar, promontorium Mercurii*). Le lac de *Rhar el Mellah* ou de *Porto Farina*, dans lequel se jette l'oued Medjerda déverse ses eaux dans la partie septentrionale du golfe de Tunis dont le littoral est aujourd'hui, du moins jusqu'à Kamart, tout différent de ce qu'il était au temps des Romains (3).

(1) Méla, Pline.

(2) Voir plus loin : Description des principales villes de la Régence.

(3) Cette partie du littoral a été sensiblement modifiée par suite des différents lits que l'oued Medjerda a occupés dans son bassin inférieur, et par les alluvions que ses eaux ne cessent d'entraîner avec elles.

Au village de Kamart et au cap Carthage (1) (*Sidi bou Saïd*) la côte, basse jusque-là, se relève, présente des escarpements rocheux, et c'est de Kamart à Tunis que l'on rencontre cette longue suite de palais et ces villas nombreuses qui s'élèvent au milieu des jardins et des bouquets d'oliviers. La chapelle Saint-Louis (2) (*Byrsa de Carthage*) et le collège Saint-Louis, à 16 kilomètres de Tunis, dominent ce site admirable. Dans sa partie inferieure, le golfe forme la baie de Tunis où se trouve la Goulette (3), le port de la capitale de la Régence.

Au delà de la Goulette, vers le village de Radès, et l'embouchure de l'oued Miliana, la côte est formée de dunes basses. On y rencontre, au sud-est de Tunis, le village d'Hammam Lif (4), « sur une belle plage de sable fin que le chemin de fer met à une demi-heure de Tunis (5) ».

(1) Entre ces deux caps on remarque *La Marsa*, à 18 kilomètres de Tunis ; c'est le village le plus en renom de tous les environs de la capitale de la Régence.

(2) On y remarque le tombeau de saint Louis, roi de France, mort à Carthage le 25 août 1270. Ce tombeau est un lieu de pèlerinage très fréquenté. « En 1830, notre représentant à Tunis, M. de Lesseps, obtint du bey la cession à perpétuité du plateau de Byrsa ; il s'agissait d'élever un monument à la mémoire du dernier des croisés et d'honorer son souvenir sur la terre même où il avait souffert.

« La chapelle s'élève au cœur même des ruines de Carthage et le drapeau français flotte depuis un demi-siècle sur cette colline, autour de laquelle se pressent tant de souvenirs. » (J. de Crozals.)

Aujourd'hui la chapelle se trouve englobée dans un établissement important, appelé collège Saint-Louis, où bon nombre d'enfants des familles catholiques, musulmanes et juives reçoivent, sans distinction de secte, une solide éducation.

Le collège Saint-Louis renferme un musée très curieux, créé par le P. Delattre, et où figurent de nombreuses inscriptions puniques, des statues ou fragments de statues d'une réelle importance.

(3) Voir plus loin : Description des principales villes de la Régence.

(4) Voir plus loin : Description des principales villes de la Régence.

(5) Léon Journault.

A l'émbouchure de l'oued Bezirk, le littoral suit, jusqu'au *ras Addar* (cap Bon), la direction générale du nord-est. On n'y trouve l'embouchure d'aucune rivière qui mérite d'être signalée ; comme lieux remarquables, il est bon de citer : *Kourbès* (*Aquæ calidæ*) et El Aouaria (*Aquilaria*), bourg situé entre le ras El Ahmar et le cap Bon.

A hauteur et à dix milles environ à l'ouest du ras Addar, se dressent deux îlots ou deux écueils, les anciennes *Egimures*, que l'on désigne aujourd'hui sous le nom de El Djamour (*Zembra*) et de El Djamour S'rir (*Zembretta*).

2° Côtes de la Méditerranée orientale.

A partir du ras Addar, la côte suit la direction du sud-est jusqu'au ras El Kelibia (*cap Mustapha*), non loin duquel se trouvent le bordj et la ville de Kelibia. Bâtie près des ruines de l'ancienne *Clypea*, connue par une victoire des Romains sur les Carthaginois, la ville de Kelibia renferme une population de 4,000 habitants. La côte s'infléchit ensuite vers le sud-ouest jusqu'au golfe d'Hammamet, et présente une série de petites lagunes sans offrir d'autre lieu remarquable que celui de Kourba.

Le golfe d'Hammamet (1) au fond duquel est la ville de ce nom (10,000 habitants) commence au ras Mar-

(1) « La mer vient baigner ses murs du côté de l'est ; vers le nord et le nord-ouest s'étendent de vastes cimetières ombragés par de vieux arbres, que le sable envahit chaque jour davantage... La ville, dans son enceinte fortifiée, flanquée de distance en distance par des tours carrées à demi engagées dans la muraille, contraste par la blancheur de ses murs avec l'azur sombre des flots... La casbah est à peu près la seule curiosité que renferme la ville d'Hammamet. » (*Voyage en Tunisie*, par MM. R. Cagnat et H. Saladin.)

moura et finit au ras Monastir. Il offre également des lagunes et des bas-fonds remplis d'eau tels que celui d'El Djeriba.

Au nord-est d'Hammamet, et à 1800 mètres de la mer, est située Nébeul, ville très riche (4,000 habitants) où l'on fabrique des poteries, des étoffes et de l'huile. Les environs de Nébeul produisent en abondance la figue et l'olive ; on y récolte même un peu de vin. Sur le golfe d'Hammamet on remarque Bou Ficha à quelque distance de la mer; Henchir es Selloum, Hergla (1) (*Horrea Cœlia*), assez jolie ville « qui s'avance dans les flots », et Sousse (2), la capitale du Sahel, qui a été occupée sans résistance par les troupes françaises le 10 septembre 1881.

Au delà de Sousse, le ras Monastir (*promontorium Dionysi*) forme l'entrée d'une baie très renommée pour ses pêcheries pour le thon. La ville de Monastir (*Ruspina*) renferme une population de 1300 habitants; elle est entourée de murs, possède une casbah, située au nord-est, et fait un commerce d'huile considérable.

En face de Monastir, on remarque trois îles : la première que l'on rencontre au nord se nomme *Djeziret el Hammam*, les autres sont celles de la *Quarantaine* et de la *Tonnora*.

A une vingtaine de kilomètres à l'est de la ville, on

(1) « Hergla, de loin, est d'un aspect charmant ; située sur un petit promontoire, la ville est entourée de trois côtés par de fort beaux jardins. A l'est, elle est baignée par la mer, et lorsqu'on arrive par le nord on n'aperçoit d'abord qu'un grand point blanc qui brille entre deux bandes, l'une verte et l'autre bleue. De près, l'enchantement disparaît, on n'a devant soi que des maisons ruinées ou mal bâties, des rues pleines de poussière par un temps sec et que les pluies convertissent en bourbiers. Les jardins seuls conservent un véritable charme. » (*Voyage en Tunisie*, par MM. R. Cagnat et H. Saladin.)

(2) Voir plus loin : Description des principales villes de la Régence.

voit, au large, le groupe des îles El Kouriat (*Tarichiæ*) et Conigliera.

En suivant la côte, on trouve les ruines de Lemta (*Leptis parva*), qui couvrent une étendue de 4 kilomètres carrés, et le ras Dimas, les ruines de l'ancienne ville de *Thapsus*, mémorable par la victoire que César remporta sur l'armée de Métellus Scipion.

A partir du ras Dimas, la côte descend vers le sud et forme une très longue plage de sable jusqu'au cap Mahédia, cap *Africa*, promontoire étroit, que domine la ville de ce nom (1).

De Mahédia, on va au ras Salackta, non loin duquel est bâtie la ville de Ksour es Sef; puis au ras Capoudiah (*Caput Vada*), où commencent ces vastes bancs de sable qui entourent les îles Kerkenna et se prolongent jusqu'à Sidi Mansour, à l'entrée de la baie de Sfax (2).

Les îles Kerkenna (Chargui et Gharbi, *Cercinna*) (3) sont séparées l'une de l'autre par un petit bras de mer d'environ 800 mètres; elles sont fertiles et très bien cultivées; elles marquent l'extrémité septen-

(1) Ce fut là que débarqua César lors de son expédition contre Pompée.

« La ville de Madhia, située à la pointe du cap Africa, a environ trois kilomètres de tour. On y trouve de nombreux arbres fruitiers, orangers, citronniers, grenadiers, abricotiers...... La vigne y vient très bien ; cette culture, sur une grande échelle, rapporterait énormément. Madhia fait très peu de vin, simplement pour les besoins du ménage. Ce vin contient beaucoup d'alcool. La culture du tabac réussit également. » (Lettre de M. E. Crétin, agent consulaire, au ministre des affaires étrangères, mars 1884.)

(2) Voir plus loin : Description des principales villes de la Régence.

(3) « Le nom de Cercinna se rattache à quelques épisodes historiques. Ce fut là que se réfugia d'abord Hannibal, là que Marius trouva pendant quelque temps l'asile que lui refusait Carthage... Exilé à Cercinna par Auguste, Sempronius Gracchus y fut mis à mort à l'avénement de Tibère. » (Tissot.)

trionale de la petite Syrte (*Syrtis Minor*), ou golfe de Gabès, sur lequel est située la ville de ce nom. Entre Sfax et Gabès, la côte continue à être basse; on remarque le ras Unghah, où des bancs s'étendent de nouveau devant la côte et entourent un groupe de petites îles; on aperçoit ensuite les îlots appelés Surkenis, et l'on arrive à Gabès, qui se compose de deux villes, Menzel et Djara, séparées par un cours d'eau (1).

L'oued Medjessar marque, à 47 kilomètres au sud-est de Gabès, le point méridional de la courbe décrite par le golfe de la petite Syrte, et, à partir de ce point, la côte se relève vers le nord-est jusqu'au ras Zurshaf, après lequel se trouve l'île de Djerba (*Meninx*), ancienne île des *Lotophages*, qui est située à l'extrémité du golfe de Gabès, et qui n'est séparée du continent que par un canal très étroit, à l'ouest et à l'est, là où les deux pointes méridionales de l'île correspondent à celle que projette la terre ferme. « En dehors de ces deux pointes, le littoral de l'île forme une courbe en sens inverse de celle que dessine la côte opposée (2)... L'île Djerba est extrêmement basse; vue du large, elle apparaît comme une oasis de palmiers émergeant du sein des eaux. La partie centrale de l'île offre seule un plateau de quelques mètres d'élévation. Le sol est sablonneux et sec : aucune rivière, aucun ruisseau ne l'arrose, et les indigènes ne se procurent l'eau nécessaire à la culture qu'au moyen

(1) Voir plus loin : Description des principales villes de la Régence.

(2) Sur cette côte, on remarque Boughara, où MM. Reinach et Babelon ont, tout récemment, trouvé « beaucoup d'inscriptions, trois statues de magistrats romains et une belle tête d'Auguste voilée en pontife, destinées à prendre place dans les collections nationales ». (*L'Exploration*, 1er sem. 1884.)

de puits. Djerba n'en est pas moins, grâce à l'industrie et au travail des habitants, la terre la plus fertile de toute la régence : l'île tout entière n'est qu'une vaste forêt de dattiers .. Les oliviers y atteignent des dimensions inconnues dans le Sahel. La vigne, le pêcher, l'amandier, le figuier, le caroubier, l'oranger, le citronnier y prospèrent également... La population est composée presque exclusivement de Berbères, et compte environ 40,000 âmes (1).

Dans l'île Djerba, on remarque Bordj el Kantara (2), bâti près des murs de Meninx, Houmt Souk, Bordj el Kebir et Mélita. La principale industrie du pays est la fabrication de ces grands vases de terre dont la forme reproduit fidèlement celle de l'amphore antique; le centre particulier de cette industrie se trouve à Keleba, bourg situé entre Houmt Adjen et El Kantara.

Vis-à-vis de la pointe la plus méridionale de l'île Djerba, la côte se dirige vers l'est, tourne ensuite

(1) Tissot.

(2) « Les ruines d'Henchir el Kantara couvrent un espace dont le pourtour peut être évalué à cinq kilomètres. Les fondations du mur d'enceinte existent encore en partie, ainsi que celles de la citadelle. On reconnaît, en outre, au milieu des décombres qui forment sur plusieurs points de véritables collines de ruines « solidifiées », pour nous servir de l'expression de Barth, les vestiges d'un grand nombre d'édifices. Tous les débris qui jonchent le sol, chapiteaux, fragments de colonnes, de frises, de statues, appartiennent à la meilleure époque de l'art romain... L'aspect général de ces ruines, en un mot, confirme l'hypothèse qui voit dans ces vestiges ceux de la capitale primitive de l'île. » (Tissot.)

MM. Reinach et Babelon, qui ont été tout récemment chargés d'une mission archéologique, rapportent à ce sujet :

« El Kantara, situé au sud de l'île de Djerba, offre un champ de ruines long de trois kilomètres, où l'on a pu recueillir et photographier une quinzaine de statues en marbre de couleur et de grandeur naturelle datant probablement du troisième siècle après Jésus-Christ.

« Les ruines d'El Kantara sont peut-être, de toute la Tunisie, celles où l'on trouve le plus de marbre de prix ; quelques fûts de colonne en *rosso* et en *verde antico* ont près d'un mètre de diamètre sur cinq à six mètres de longueur. » (*L'Exploration*, 1er sem. 1884.)

brusquement vers le sud jusqu'au port de Zerzis, reçoit les eaux de la sebkha El Mellaha, ainsi que celles d'une profonde lagune, le Bahirt el Biban, rattaché à la mer par une lagune étroite, sur laquelle est le Bordj el Biban, où se trouve la limite entre la Tunisie et la Tripolitaine.

III. — Orographie ; le sol ; productions.

Le sol tunisien présente, dans l'ensemble de son relief, deux bourrelets gigantesques, séparant les plaines intermédiaires de la Méditerranée et du Sahara.

La première de ces chaînes, appelée *massif méditerranéen*, est comprise entre le littoral et l'oued Medjerda, et se termine au ras Sidi Ali el Mekki.

Les sommets les plus remarquables de ce massif atteignent une altitude d'environ 1200 mètres, et sont ceux du djebel Ghorra, du djebel Tagma, du djebel Adissa, du djebel Balta et du djebel Eïdouss.

La deuxième chaîne, nommée *massif intérieur* ou *saharien*, se détache du plateau de Tébessa, et se partage, sur le territoire tunisien, en deux rameaux assez distincts.

Le rameau septentrional a une direction sud-ouest-nord-est et finit au cap Bon, dans la presqu'île de Dakla el Malhouïn, où il n'a plus que 300 mètres d'altitude. Il forme l'arête centrale de la Tunisie et la divise en deux régions : le versant de la Méditerranée occidentale ou du nord-ouest, et le versant de la Méditerranée orientale ou du sud-est.

Ses principaux massifs sont ceux du djebel Bou Ghanem, du djebel Zilk (1363^{m}), de l'Hamada des

Ouled Ayar, du djebel Serdj (1185m), du djebel Barkou (1250m), du djebel Djioukar et du djebel Zaghouan (1343m) et du djebel Er Ressass ou *Monte Piombino*, ainsi nommé à cause des mines de plomb qu'il renferme.

Le chaînon méridional est le prolongement de la partie de l'Aurès qui domine le Sahara ; il est formé des massifs du djebel Madjour, du djebel Tedja et du djebel Sidi Younès, et se divise, à son tour, en deux rameaux, dont l'un se rattache au massif des Ouled Ayar, tandis que l'autre, formé de la chaîne du djebel Arbet et de celle des Chereb (bordant le littoral nord du chott El Djerid), va se terminer au golfe de Gabès. Enfin, un dernier chaînon part du précédent et se relie au système orographique de la Tripolitaine.

La portion du territoire tunisien que sillonne le massif méditerranéen, et qui est comprise entre les côtes septentrionales de la régence et la vallée de l'oued Medjerda, porte généralement le nom de Tell (1), et se subdivise en Kroumirie, à l'ouest, Mogod, au centre, et territoire de Bizerte, à l'est.

La Kroumirie est un pays de 10 à 12 lieues carrées, qui commence au cap Roux, et dont les limites sont difficiles à déterminer. Il est occupé par un certain nombre de tribus distinctes, dont la plus importante, celle des Kroumirs, a donné son nom à toute la région.

Ces tribus nomades ont une population d'environ 6,000 habitants, et elles reconnaissent la suzeraineté

(1) Le Tell tunisien s'étend également sur tout le territoire qui, sous la domination romaine, formait la province d'Afrique proprement dite. Le *Sahel* est principalement la région baignée par la côte comprise entre la presqu'île Dakla el Malhouïn et l'oasis de Gabès.

du bey de Tunis. Béja (1) est une de leurs villes les plus importantes.

La Kroumirie est un pays très accidenté, rempli de montagnes souvent fort élevées, coupées de roches granitiques, et pour la plupart boisées, ce qui rend le pays très difficile et peu propre à la culture des céréales.

Le pays qui avoisine la côte, et qui se trouve sur la frontière de l'Algérie, renferme de magnifiques forêts de chênes, d'ormes, de frênes et de chênes-liège.

Les habitants (2) vivent de leurs troupeaux, de fruits, de chasse, et de ce peu dont se contentent les Arabes; ils sont de race berbère « et ils parlent, sauf quelques expressions locales, le dialecte usité parmi les populations de l'Aurès, c'est-à-dire le *chaouïa* (3).

Le Mogod est compris entre Bizerte et la Kroumirie. Il est constitué par un ensemble de plaines et de hauteurs généralement assez fertiles, et dont les produits sont portés aux marchés de la ville de Mateur (4), qui, avec celle de Béja, est le plus grand centre de la production agricole du Tell tunisien.

L'oued Medjerda et l'oued Miliana parcourent la région comprise entre le massif méditerranéen et la chaîne septentrionale du massif intérieur ou saharien. Cette partie de la Régence est la plus fertile de toute la Tunisie.

Au sud du massif intérieur s'étendent, de l'ouest à

(1) Voir plus loin : Description des principales villes de la Régence.

(2) Les Kroumirs prétendent descendre du grand marabout Sidi Abdallah ben Djemel, et comprennent deux groupes distincts : les *Sloul* (classe des plus riches), qui se livrent au commerce, et les *Tedmaka*, qui constituent la classe pauvre et qui ne vivent que de vol et de brigandage.

(3) Auguste Charbonneau.

(4) Voir plus loin : Description des principales villes de la Régence.

l'est, des plateaux élevés et des plaines immenses, au fond desquelles viennent s'accumuler, dans ces vastes cuvettes naturelles, qui ont reçu le nom de *chott* et de *sebkha*, les eaux qui ne peuvent trouver d'issue, ni vers la Méditerranée, ni vers le Sahara (1).

Tout le pays situé au sud du massif intérieur jusqu'à la région saharienne, forme la Tunisie centrale, dont la ville de Kaïrouan (2) est la plus importante, et comprend la presqu'île El Malhouïn, le Sahel tunisien, l'Arad, et tout le territoire qui s'étend vers l'Algérie.

Les plateaux qui s'étendent du nord-ouest au sud-est, entre Sbaïtla et le littoral de la petite Syrte, sont presque stériles : « Toute cette partie de l'ancienne Bysacène n'offre guère que des steppes arides, presque entièrement dépourvus d'eau. La plaine d'Aâmra, qui s'étend au nord-est de Gafsa, est le type de cette région désolée, *altérée comme le chacal d'Aâmra*, dit un proverbe saharien (3). »

A partir du soulèvement montagneux qui va de Négrine (Algérie), à l'ouest, jusqu'à l'Arad, à l'est, commence la région saharienne proprement dite. C'est là que l'on trouve le Djerid (4), ou pays des palmiers, qui comprend : les oasis de Gafsa (5) et de El Guettar; les villages de Chedibat (6), de Tameghza (7) et de

(1) Tissot.

(2) Voir plus loin : Description des principales villes de la Régence.

(3) Tissot.

(4) « Aucun sol au monde, dit M. Tissot, n'égale en fertilité celui des oasis tunisiennes. »

(5) Voir plus loin : Description des principales villes de la Régence.

(6) Chedibat est à 15 kilomètres de El Hamma et sa population est de 400 habitants,

(7) Tameghza est à 10 kilomètres de Chedibat et a une population de 1000 habitants.

Midès (1); les oasis de Touser, de Nefta et d'Oudian, et le Nefzaoua.

Au sud de la chaîne des Chereb, qui est rocheuse et dénudée, à l'est du chott El Djerid, le Sahara n'est séparé de la Méditerranée que par une série de hauteurs, dont l'altitude, très peu considérable, va en décroissant jusqu'au fond de la grande Syrte.

« Au sud du chott El Djerid s'étend une immense plaine sablonneuse couverte de broussailles et riche en pâturages. On n'y rencontre aucun accident de terrain, sauf quelques dunes peu élevées, qui se trouvent dans la partie orientale du lac.

« Le terrain est tellement plat que l'horizon se dessine suivant un cercle parfait, comme en pleine mer : c'est un océan de sable et de verdure. Aucune trace de rivière, aucun point de repère, toujours la plaine et encore la plaine à perte de vue.

« Au sud-ouest, on distingue cependant une ligne de dunes que les Arabes appellent le Kerb, au delà de laquelle, paraît-il, il n'y a plus que du sable.

« Dans la partie que nous avons explorée, il existe un assez grand nombre de puits, souvent ensablés, et que, parfois, nous avons dû curer pour y trouver de l'eau potable. Cette eau, légèrement salée, peut cependant se boire; la nappe est à 7 ou 8 mètres du sol (2). »

Le Nefzaoua s'étend sur le bord oriental du chott El Djerid, dans lequel il découpe une presqu'île (3) dont

(1) Midès a une population de 150 kabitants.

(2) Le commandant Lachouque (lettre du 9 avril 1885, à son frère qui a bien voulu la communiquer à l'auteur).

(3) « La presqu'île de Nefzaoua doit être la Chersonèse de Diodore. » (Tissot)

l'ossature rocheuse se rattache à la chaîne du Tbaga, qui se prolonge dans la direction de l'est jusqu'aux environs de Gabès.

Les oasis sont nombreuses dans le Nefzaoua; les principales sont celles d'El Faoura, de Sabria, de Douz et de Kebilli. On n'y trouve que des peuplades d'origine berbère et ces oasis sont les dernières stations habitables qu'offre la rive saharienne du chott.

La Tunisie septentrionale jusqu'à la dorsale, qui se termine au cap Bon, est la région fertile que l'on a justement qualifiée de « *méditerranéenne* » et que caractérise essentiellement la culture de l'olivier.

Vient ensuite la zone saharienne. Entre la première zone et la zone du Sahara proprement dite, s'étend une zone intermédiaire, celle à laquelle on a donné le nom de *sous-région des hauts plateaux*. C'est là où paissent d'immenses troupeaux pendant l'été. L'orge est la seule céréale qui y mûrisse.

La région saharienne est caractérisée par le palmier : c'est le désert avec ses oasis. D'après M. Duveyrier, la Tunisie renfermerait « environ 2,800,000 hectares de terres cultivables, près de 4,000,000 d'hectares de steppes bons pour l'élevage du bétail et du chameau, et près de 5,000,000 d'hectares de désert. »

C'est vers le nord, en Kroumirie principalement, que l'on trouve de véritables forêts. Les essences principales sont : le chêne vert, le chêne blanc, le chêne-liège, le frêne et l'orme.

Mieux partagée que l'Algérie, la Tunisie bénéficie des vents de l'est et du sud-est, qui laissent tomber sur le Sahara tunisien une abondante rosée enlevée à la Méditerranée, ce qui constitue un très grand avantage pour l'agriculture.

Cependant le sol n'est plus aussi fertile qu'autrefois; cela tient à son abandon et au déboisement, qui a modifié le régime des eaux.

« L'Afrique, dit M. Tissot, était beaucoup plus boisée à l'époque romaine qu'elle ne l'est aujourd'hui. La diminution de ses richesses forestières semble dater de la fin du régime impérial..... L'agriculture avait déjà décliné au Ve siècle : l'abandon des terres eut pour conséquence l'extension du droit de parcours et de pâture, si fatal à la végétation arborescente; les incursions des Maures, les incendies périodiques qui les signalaient, augmentèrent singulièrement le mal. Les dévastations systématiques par lesquelles les indigènes essayèrent vainement de combattre l'invasion arabe accrurent, dans une proportion déjà irréparable, la dévastation des forêts africaines. Le régime arabe l'acheva. »

Les olives sont la principale richesse du pays; on y cultive le blé, l'orge, le riz, les haricots et une grande variété de légumes. On y trouve des oranges, des citrons, des grenades, des figues, des dattes. On est surtout frappé du développement considérable que prend en Tunisie la culture de la vigne. De Testour à Tétourba, « on voit à droite et à gauche de la rivière plusieurs grandes propriétés françaises de création récente, dont certaines ont déjà une centaine d'hectares de vignes..... Dans la plaine de la Medjerda, dans les vallées latérales et aux environs de Tunis, sans parler des montagnes ni de la région méridionale, il y a au moins un million d'hectares de terres près desquelles les meilleures prairies de la vallée d'Auge, les plus excellentes terres de la Beauce, les vignobles les plus plantureux du Languedoc, seraient mal venus à montrer trop de fierté (1). » Enfin, dans l'intendance de Bou Ficha, qui fait partie du territoire de l'Enfida, la Compagnie y installe une belle plantation de vignes.

Le sol tunisien produit aussi l'indigo, le safran et l'alfa. On y élève des chevaux de race très estimés, des troupeaux de chameaux, de chèvres, de moutons; peu de bœufs ou de vaches, par manque de pâturages, mais grande quantité de mulets et de volaille. Le gibier est très abondant ainsi que le poisson.

Le sol renferme également des mines de fer, de cuivre et de plomb; des carrières de gypse, de pierre et du plus beau marbre, ainsi que des mines de plomb argentifère (2).

Par sa position géographique, la Tunisie est, au point de vue commercial, l'intermédiaire entre l'Europe méridionale et le centre de l'Afrique.

Aujourd'hui, le commerce que nous entretenons avec notre possession africaine, y compris la Tunisie, est plus actif que celui que nous faisons avec de grands États, tels que la Russie, la Turquie et l'Autriche.

Le budget total de la Tunisie s'élève aujourd'hui à quinze millions de francs.

(1) Paul Leroy-Beaulieu (*Gazette géographique*, 1885).

(2) Il est actuellement question d'améliorer le port de Tabarca et de construire un chemin de fer reliant les mines de la Kroumirie à Tabarca.

§ IV. — Hydrographie. — Les grands chotts; mer intérieure. — Fleuve Triton.

1. Hydrographie.

A l'exception de l'oued Medjerda, les rivières de la Tunisie ont un débit très variable, et sont plutôt des torrents que des cours d'eau proprement dits. « Cette particularité s'explique facilement: les massifs montagneux, en général très rapprochés de la côte, ne donnent naissance qu'à de courtes artères fluviales, que grossissent à peine quelques affluents temporaires. Quant à la région saharienne, elle absorbe dans des sables éternellement altérés toutes les eaux hivernales qu'elle reçoit de la chaîne atlantique, elle les garde, toutefois, grâce à la couche imperméable qui forme le fond de ce vaste bassin (1). »

Le versant de la Méditerranée orientale recueille les eaux provenant du massif méditerranéen et celles comprises entre ce dernier et la dorsale du système orographique tunisien. Les cours d'eau issus du massif méditerranéen sont peu importants; les principaux en allant du cap Roux au cap Sidi Ali el Mekki, sont :

1° L'oued Zaine ou oued El Kébir, qui vient du djebel Balta et se jette dans la baie de Tabarca;

2° L'oued Zouarha, qui finit entre la baie de Tabarca et le cap Négro;

3° L'oued Sedjenan, sorti de la chaîne qui sépare son bassin du lac de Bizerte, court de l'est à l'ouest et se perd dans le lac Sedjenan, qui ne communique pas avec la Méditerranée;

(1) Tissot.

4° Au sud du djebel Zouitin, l'une des dernières ramifications du massif méditerranéen, on rencontre deux grands lacs réunis par un canal profond, l'oued Tindja. Le premier de ces lacs, celui qui déverse le trop-plein de ses eaux dans la mer, est appelé Tindja de Bizerte ou lac de Bizerte (*Hipponitis lacus*); le second, le plus méridional, est désigné sous le nom de Garaa el Iskeul.

Le Garaa el Iskeul recueille les eaux provenant des deux rameaux de la chaîne méditerranéenne, qui finissent l'un au cap Blanc et l'autre au ras Sidi Ali el Mekki.

Le plus important de ces cours d'eau est l'oued Joumine qui, grossi de l'oued Tin, arrose Mateur (1) et se perd, au nord, dans les marais situés au sud de la rive méridionale du Garaa el Iskeul.

Entre le massif méditerranéen et le chaînon saharien qui se termine au cap Sidi Ali el Mekki, on trouve :

1° L'oued Medjerda, le cours d'eau le plus important de la Tunisie, le *Bagrada* des anciens, qui a un parcours de 75 kilomètres sur le territoire algérien et de 325 kilomètres sur le sol tunisien. Cette rivière roule une eau d'un vert jaunâtre et charrie sans cesse des terres qu'elle enlève à une rive, pour les reporter à la rive opposée. D'après le remarquable travail de M. Caillat, son débit moyen est de 160,760 mètres cubes par jour en temps de sécheresse. L'oued Medjerda est formé par deux grandes rivières dont l'une sort, à hauteur de Khemissa, du djebel Beïda (qui donne également naissance à l'oued Seybouse) et court de l'ouest à l'est, sous le nom de Medjerda; l'autre des-

(1) Voir plus loin : Description des principales villes de la Régence.

cend du plateau de Tébessa et se dirige vers le nord-est sous le nom d'oued Mellègue.

L'oued Medjerda traverse le plateau de Souk Ahras, court dans une vallée étroite et tortueuse, parallèlement à la chaîne qui forme la limite de l'Algérie et de la Tunisie, et, après avoir laissé sur sa rive droite Ghardimaou, passe près de Chemtou (*Simittu*), ancienne ville romaine, où se trouvent de magnifiques carrières de marbre exploitées autrefois (1).

Il arrose Saint-Meskine, Souk el Arba et Bordj ben Bechir. Très resserré sur sa rive gauche par les derniers contreforts des montagnes de la Kroumirie, l'oued Medjerda tourne ensuite brusquement au nord pour entrer dans la belle et riche plaine de Dakla. « Entourée de tous côtés par une ceinture de hauteurs, la Dakla forme un immense cirque naturel dont l'arène présente l'aspect de toutes les plaines d'alluvion. Aucun accident de terrain appréciable à l'œil n'en interrompt l'uniformité; elle ressemble à un lac desséché (2) » ; elle est traversée par la route de Souk el Kmis à Souk el Arba.

Entre Souk el Arba et Ben Bechir, l'oued Medjerda reçoit l'oued Mellègue, qui est grossi par les eaux de plusieurs rivières, dont la principale, l'Horrhir, sert en certains points de limite entre l'Algérie et la Régence.

L'Horrhir reçoit, à droite, l'oued Serrat, qui sort des environs d'Haïdra où sont les ruines de l'ancienne *Ammœdara* (3) où l'on voit « un superbe arc de triomphe

(1) Une société commence à exploiter de nouveau ces carrières.

(2) Tissot.

(3) Haïdra est l'ancienne *Colonia Flavia Augusta Emerita Ammœdara;* on y a trouvé tout récemment quelques inscriptions chré-

dédié à Septime Sévère, plusieurs basiliques, trois mausolées, dont un en marbre blanc ; les traces de deux belles voies dallées, une vaste enceinte carrée flanquée de tours, une ancienne citadelle qui conserve l'empreinte des deux dominations romaine et byzantine, puis les ruines d'un grand palais (1) ».

L'oued Mellègue reçoit ensuite, à droite, l'oued El Gorbeuch, l'oued Koheuf qui arrose Nébeur (ville de 800 habitants) et l'oued Safra.

Dans la vallée de l'oued Mellègue et à quelque distance de son cours, on trouve Le Kef (2), l'ancienne *Sicca Veneria* des Romains, l'une des villes les plus importantes de la Tunisie.

Après l'oued Mellègue, l'oued Medjerda reçoit l'oued Tessa, coule dans la direction du nord-est, et tourne presque à angle droit pour se diriger tortueusement vers l'est. En amont de Souk el Kmis, il s'est grossi sur sa rive gauche, de l'oued Bou Heurtma (56 kilomètres) qui déchire par ses profonds ravins les montagnes de la Kroumirie. Peu à peu sa vallée se rétrécit et ses deux rives sont resserrées par les derniers contreforts des massifs de la chaîne méditerranéenne ; il reçoit l'oued Béja (56 kilomètres), sur lequel est située la ville de Béja, puis l'oued Zergua, à partir duquel il descend brusquement vers le sud, et se grossit de l'oued Khalled. Non loin de cet affluent, sur la route de Testour au Kef, on trouve Teboursouk (3), ville for-

tiennes dont l'une contient les premiers mots du *Gloria in excelsis*, ainsi qu'un mausolée, un arc de triomphe, des églises en ruine et des tombes très caractéristiques (*L'Exploration*, 1er sem. 1884).

(1) Zaccone.

(2) Voir plus loin : Description des principales villes de la Régence.

(3) Au sud de Teboursouk on trouve les ruines de Dougga où l'on remarque un temple très bien conservé.

tifiée (3,000 habitants), où l'on remarque une belle fontaine romaine.

L'oued Medjerda reçoit ensuite l'oued Siliana dont le cours est de 80 kilomètres et qui vient du djebel Hamada el Kessera. Dominé par les hauteurs du djebel Bou Safra qui tombent à pic sur ses bords, il reprend sa direction primitive du sud-ouest au nord-est à Testour, jolie petite ville, bien bâtie (2,500 habitants) et qui est entourée de plantations d'oliviers (1). Après Testour, l'oued Medjerda arrose Slouguia, ancienne cité romaine, où l'on remarque un minaret et une tour isolée, Medjez el Bab, village de 1500 habitants (station de la voie ferrée Tunis-Constantine) et où l'on voit les restes d'un ancien arc de triomphe; il passe ensuite à Tebourba après avoir reçu l'oued El Ahmar sur sa rive droite.

La vallée ne commence à s'élargir qu'au delà de Tebourba, bourg de 2,000 âmes, que l'on croit fondé par les Maures et qui est entouré d'oliviers. L'oued Medjerda arrose Djedeïda, point où la voie ferrée passe sur sa rive droite pour atteindre Tunis, coule à partir de Djedeïda dans une plaine de 20 kilomètres d'étendue, laisse le djebel Ahmar sur sa rive droite, arrose Sidi Tabet, où se trouve le fameux haras (2) fondé par le comte de Sancy, Fondouk, par où passe la route de Tunis à Bizerte, Sidi bou Chateur (3), l'ancienne Utique, et se jette dans le lac de Rhar el Mellah ou Porto Farina.

(1) Entre l'oued Khalled et l'oued Siliana, sur la route de Teboursouk à Testour, on trouve Tounga où sont les ruines de *Tignica*, parmi lesquelles on voit un temple d'ordre corinthien et une citadelle flanquée de tours.

(2) On y compte 152 chevaux, 200 vaches, etc.

(3) Sidi bou Chateur renferme une source arsénicale qui contient par litre 0gr,15 d'arséniate de soude et 0gr,01 d'arséniate de potasse. M. le

« La vaste et profonde embouchure de l'oued Medjerda a eu le sort de tous les estuaires méditerranéens. Les alluvions du fleuve l'ont comblée peu à peu et le fleuve lui-même se heurtant à ses propres apports a dû chercher plus d'une fois une issue nouvelle. Les bas-fonds qu'il a comblés gardent encore la trace de ces lits successifs de plus en plus rapprochés de la lagune dans laquelle il se perd aujourd'hui (1). »

M. Tissot prétend, en effet, que l'oued Medjerda a eu trois embouchures ou lits successifs, dans son bassin inférieur ; selon lui, le plus ancien de ces lits longeait le versant occidental et septentrional du djebel Ahmar et finissait dans la mer qui, à cette époque, baignait le pied des collines dont nous venons de parler (2).

Après l'oued Medjerda, le golfe de Tunis reçoit l'oued Miliana qui, sorti du djebel Barkou, sous le nom d'oued El Kebir, traverse un pays fertile et où l'on remarque les ruines de plusieurs établissements romains. L'oued Miliana passe non loin de Mohamedia (autrefois *Tabaria*), village de 500 habitants, où l'on voit l'ancien aqueduc qui, du djebel Zaghouan, conduisait

docteur Guyon « pense que la source de Bou Chateur est précisément celle dont parle César dans ses *Commentaires*, et qu'il place entre Utique et le promontoire Cornélien. C'est à l'usage de ces eaux qu'il faudrait attribuer, d'après les rapprochements et les citations invoquées par l'auteur, les accidents graves qui sévirent sur l'armée du lieutenant de César, Curion, pendant sa malheureuse campagne en Afrique. On pensa alors que ces eaux avaient été empoisonnées par les Numides : il est plus que probable que l'espèce d'empoisonnement qu'éprouvèrent les soldats tenait à l'usage immodéré de ces eaux insalubres, concentrées par les chaleurs de l'été. » (*L'Année scientifique*, 1882.)

(1) Tissot.

(2) On a constaté qu'il se produit ce phénomène dans la Méditerranée, c'est que la mer se retire ; M. Tissot estime que « la superficie du terrain perdu par la mer, mesuré sur les traces visibles de l'ancien littoral, peut être évaluée à 250 kilomètres carrés et représente les apports du Bagrada pendant 21 siècles. »

les eaux à Carthage (1) ; il finit dans la mer entre Radès et Hammam Lif.

A partir d'Hammam Lif jusqu'au cap Bon, les rivières que l'on rencontre sont peu importantes, ce sont entre autres : l'oued Menzals, dont le cours inférieur arrose Soliman, et l'oued Bezirk.

Les principaux cours d'eau situés dans la presqu'île Dakla et Malhouïn et appartenant au versant de la Méditerranée orientale sont : l'oued Abiad, l'oued Oudien, l'oued Cheïba, l'oued Kourba et l'oued Daroufa.

Dans toute l'étendue de la Tunisie centrale et de la Bysacène (2), les torrents qui descendent du versant sud-est des dernières ramifications de la chaîne saharienne méridionale n'arrivent généralement pas jusqu'au littoral, « arrêtés par le bourrelet qui en dessine presque partout les côtés, ils forment une série de lacs et de sebkhas », savoir : la longue sebkha Djeriba qui se termine en face d'Hergla, la sebkha Halk el Menzel, et le lac de Kaïrouan (la sebkha Sidi el Hani) et le lac Kelbiah, où finit l'oued Bagla (3), dans lequel se jettent les cours d'eau de la région centrale et dont les principaux sont :

1° L'oued Fekka, qui vient, près de notre frontière algérienne, du djebel Aamba, à l'est de Tébessa, et se grossit de l'oued Kasserin et de l'oued Hallouf ;

2° L'oued Zeroud, qui reçoit l'oued Djelma sur les rives duquel on trouve le petit village de Sbaïtla

(1) Au pied du djebel Zaghouan on remarque la ville de Zaghouan (3,000 habitants), vieille cité romaine, dont il ne reste qu'une porte triomphale en belles pierres de taille.

(2) Contrée qui s'étendait du fond de la petite Syrte au fond du golfe d'Hadrumète.

(3) Voir plus loin : mer intérieure ; fleuve Triton.

construit sur les ruines de l'ancienne ville romaine de *Sufetula* (1);

3° L'oued Merguellil;

4° L'oued Souinia et un faisceau de rivières situées au nord des précédentes et qui sont autant de torrents à travers ces vallées ravinées et presque dépourvues de terre végétale.

Outre les sebkhas citées plus haut, on remarque encore la sebkha de Sidi ben Nour près de Thapsus, la sebkha El Gharra, au sud-ouest d'El Djem, la sebkha El Mechguigue et la sebkha En Noaïl.

Au sud de l'oued Fekka, dans la direction de Gafsa, le territoire tunisien n'offre plus que des steppes arides. Le seul cours d'eau qui mérite d'être cité est l'oued Baïach qui va se perdre dans le chott El Gharsa sous le nom d'oued Tarfaoui.

Les cours d'eau qui se jettent dans la mer et qui sont en fort petit nombre ne descendent pas de l'intérieur; ils prennent leur source dans le bourrelet du littoral; les plus importants sont les suivants :

L'oued El Hammam et l'oued Laya au nord de Sousse; l'oued Amdoun, entre Sousse et Monastir; l'oued Tina au sud de Sfax, l'oued Chefar, l'oued Mta el Dumouissa, l'oued Bou Saïd, l'oued El Karit,

(1) « Ce lieu important était le point central où convergeaient à l'intérieur les diverses routes du pays. Détruite lors de l'invasion arabe, Sufetula a été presque complètement abandonnée depuis. Ces ruines toutefois sont encore imposantes aujourd'hui; elles s'étendent des deux côtés de l'oued auprès duquel on aperçoit à gauche, dans la montagne, les carrières qui ont jadis servi à la bâtir. Un pont à quatre arches réunissait du reste les deux rives; on y voit encore un bel arc de triomphe, une magnifique voie dallée, des thermes, un amphithéâtre, les traces de deux enceintes rectangulaires, et un autre vaste pourtour renfermant trois temples et percé de trois portes distinctes, celle du milieu correspondant au temple central. Ils sont tous trois du même modèle, mais les deux extrêmes sont beaucoup moins importants que le troisième. » (Zaccone.)

l'oued Melah, l'oued Gabès, l'oued Serrak, l'oued Medjessar et l'oued Semar.

2. Les grands chotts. — Mer intérieure; Fleuve Triton.

On remarque, au sud de l'Algérie et de la Tunisie, une série de chotts qui se termine non loin du golfe de Gabès et dont les principaux sont : le chott Melghigh, le chott El Gharsa et le chott El Djerid.

Le chott Melghigh alimenté par les eaux de l'oued Djedi et de l'oued Igharghar a un niveau qui est inférieur d'environ 30 mètres à celui de la Méditerranée (1). Il mesure 112 mètres de l'est à l'ouest dans sa plus grande longueur.

Le chott El Gharsa a une longueur de 75 kilomètres ; il reçoit l'oued Saldja et l'oued Tarfaoui, et est séparé du chott El Djerid par une ligne de collines sablonneuses nommée *Kriz*, dont l'altitude maxima est de 45 mètres.

Entre les chotts Melghigh et le chott El Gharsa, on trouve le chott El Asloudj dont le niveau, plus élevé que ces deux lacs, forme une sorte de seuil d'environ dix mètres d'altitude au-dessus du niveau de la Méditerranée.

Le chott El Djerid, qui est le plus important des chotts de cette région, a une longueur de 200 kilomètres de l'est à l'ouest, et il n'est éloigné du golfe de Gabès que d'une vingtaine de kilomètres. A 900 mètres à l'est du chott El Djerid, se trouve encore un petit

(1) M. Virlet d'Aoust a établi le premier, en 1845, que le chott Melghigh est au-dessous du niveau de la mer.

chott, celui de El Hameïma, qui déverse le trop-plein de ses eaux dans l'oued Melah, fleuve tributaire du golfe de Gabès. La hauteur maxima de ce seuil qui sépare le chott El Djerid du golfe de Gabès est de 46 mètres.

Certains géologues ont admis l'existence dans le Sahara, à une époque peu reculée, d'une mer qui communiquait avec le golfe de Gabès, et, selon eux, un soulèvement aurait déterminé l'assèchement de cette mer saharienne. Suivant d'autres, ces lacs salés communiquaient autrefois avec la Méditerranée par un détroit qui s'ouvrait au fond du golfe, et les sables, avec le temps, ont fini par séparer la mer de ces lacs qui sont en partie desséchés (1).

La théorie de l'identification des chotts et de la mer de Triton servit de point de départ au lieutenant-colonel Roudaire dans les recherches qu'il fit pour reconstituer l'ancienne mer historique.

Si l'on perçait par une tranchée suffisamment profonde le seuil qui existe entre le chott el Djerid et le golfe de Gabès, et si l'eau de la mer était amenée depuis l'embouchure de l'oued Melah jusqu'au chott Melghigh, la mer remplirait les chotts, et l'on aurait réalisé le projet conçu par le lieutenant-colonel Roudaire (2).

Nous n'entrerons pas dans le détail de toutes les ob-

(1) « Les traditions locales, dit M. Tissot, en conservent encore le souvenir. D'après une légende recueillie à Telemin, dans le Nefzaoua, Skander Dhou'l Kourneïn, venu d'Orient jusqu'à Metouïa, une des oasis des environs de Gabès, aurait séparé cette mer intérieure de la Méditerranée, en créant par ses enchantements (*bel hakma*) l'isthme de Gabès, et l'aurait transformée ainsi en simple sebkha. » C'est depuis ce temps, ajoute la légende, que Metouïa porte ce nom, qui vient de *metoua*, « fermer, séparer ».

(2) Le lieutenant-colonel Roudaire est mort le 14 janvier 1885.

jections qui ont été soulevées au sujet de l'idée émise par ce savant officier (1) ; nous nous contenterons de faire remarquer que l'un des plus grands obstacles à la réalisation du projet en question provient de ce que le chott El Djerid, le plus voisin du golfe de Gabès, a le fond de sa cuvette au-dessus du niveau de la mer, et que la moyenne de ce fond peut dépasser ce niveau d'environ dix mètres (2). D'un autre côté, la longueur totale des diverses parties du canal de communication doit être de 200 kilomètres, ce qui entraînera des dépenses énormes (3).

Les avantages que l'on pourrait tirer de la création de la mer intérieure seraient immenses. D'après le lieutenant-colonel Roudaire, la mer intérieure amènerait des pluies, augmenterait le débit des cours d'eau

(1) Voir pour plus de détail : Rapport de M. le général Favé à l'Académie des sciences sur la possibilité et les avantages de la création de la mer intérieure ; — Opinions de MM. Dumas, Daubrée et Naudin ; — Réponse de M. de Lesseps ; — Mémoire de M. H. Brocard ; — *L'Emplacement de la mer intérieure d'Afrique*, par M. le docteur Rouire (1884) ; — Le projet de création en Algérie et en Tunisie d'une mer dite intérieure devant le congrès de Blois (Paris, 1884), etc., etc.

(2) « Les dernières études faites par le lieutenant-colonel Roudaire ont montré que du chott El Djerid au chott Melghigh, la direction générale du lit du chott est de l'est à l'ouest, c'est-à-dire qu'elle ne se dirige pas vers la mer.

« L'altitude et la constitution géologique du relief de Gabès et des reliefs de Kriz et d'Asloudj, l'absence de fossiles marins dans le lit des chotts, ainsi que l'élévation du chott El Djerid au-dessus de la mer, démontrent, comme l'ingénieur Dubocq et M. Pomel l'avaient établi, qu'à l'époque géologique actuelle les chotts n'ont jamais communiqué ni entre eux ni avec la mer. » (E. Cosson, Le projet de création d'une mer intérieure devant le congrès de Blois, 1884.)

« M. Fuchs a reconnu que le seuil de Gabès était formé non de couches de sable ou d'alluvions récentes, mais d'assises de grès, de gypse et de calcaire, et que ce seuil était élevé d'une moyenne de 46 mètres au-dessus du niveau de la mer. » (Docteur Rouire, congrès de Blois, 1884.)

(3) D'après les travaux du lieutenant-colonel Roudaire, les chotts, une fois inondés, doivent présenter une profondeur de 22 à 27 mètres.

et contribuerait ainsi à la fertilité du sol entre l'Aurès et les chotts. Les produits indigènes seraient expédiés de ce nouveau golfe dans toutes les parties du monde et aucun transbordement ne serait à faire. Le climat des régions environnantes serait très assaini par le voisinage de cette mer qui n'aurait pas moins de 14,000 kilomètres carrés. Le pays aurait ainsi l'humidité et les pluies atmosphériques qui lui font défaut.

Le congrès de Blois, dans la session du 11 juillet 1884, à la suite de plusieurs débats contradictoires qui eurent lieu devant une assemblée comprenant environ 450 membres, émit à l'unanimité moins une voix, le vœu que le *gouvernement français ne devait point encourager l'entreprise du lieutenant-colonel Roudaire.*

Les études nouvelles du docteur Rouire, qui avait cherché à démontrer, devant le congrès, que l'ancienne baie de Triton était située beaucoup plus au nord du golfe de Gabès, à hauteur des villes de Sousse et de Kaïrouan, sapaient par leur base les vues sur lesquelles s'était fondé le rétablissement de la mer intérieure africaine.

« De Tébessa jusqu'au midi de la presqu'île du cap Bon, dit le docteur Rouire, une grande artère traverse dans toute son épaisseur la Tunisie centrale, et va se jeter, au nord de Sousse, dans le golfe de Hammamet. Dans son parcours, en aval de Kaïrouan, le fleuve se renfle en dilatations successives auxquelles on a donné le nom de Bagla, de lac Kelbiah et de sebkha Djeriba. Au sortir du lac Kelbiah, à neuf kilomètres de la mer, le fleuve disparaît pour ainsi dire : il n'est plus représenté que par un thalweg sans berges, que par une sorte de canal d'écoulement par où le lac Kelbiah, à l'époque des crues, déverse le trop-plein de ses eaux dans la sebkha Djeriba d'abord, dans la mer ensuite avec laquelle cette sebkha communique. Le fleuve mesure 275 kilomètres dans son parcours total... Le volume d'eau moyen annuel qu'il envoie dans le lac Kelbiah est de 200 millions de mètres cubes.

« A son embouchure dans le lac Kelbiah, le fleuve porte le nom d'oued Bagla, et il est formé de la réunion de l'oued Zeroud et de l'oued Merguellil. La première de ces branches se prolonge jusqu'à Tébessa, la seconde, qui est la plus septentrionale, a sa source au mont Ousselet (1). »

En présence de ces découvertes géographiques, le docteur Rouire a cru intéressant de saisir les rapprochements qui existent entre le bassin hydrographique dont nous venons de parler et l'ancien fleuve Triton. Contrairement aux idées du lieutenant-colonel Roudaire, et se basant d'une part sur les textes anciens, d'autre part sur la configuration et les couches géologiques du sol, il adopta les conclusions suivantes :

« Le bassin hydrographique du lac Kelbiah n'est autre que celui du lac Triton. Ce lac constitue encore aujourd'hui la nappe d'eau la plus importante de l'Afrique du Nord. Il a 45 kilomètres de pourtour à ses basses eaux, une longueur de 18 kilomètres. Il contient de l'eau en toute saison. Sa surface a été évaluée, en avril 1883, par un ingénieur, M. de Campon, à 13,000 hectares, sa profondeur à 3m,50, son volume à 350 millions de mètres cubes.

« La mer intérieure africaine est représentée, aujourd'hui, par le lac Kelbiah et la sebkha Djeriba, qui se

(1) *La Mer intérieure africaine*, par le Dr Rouire (congrès de Blois, 1884).

prolonge et qui communique avec la mer. Les limites de la baie de Triton sont toujours reconnaissables dans l'intérieur des terres. De hautes falaises, les falaises d'El Homk, marquent au midi les rivages extrêmes atteints par les eaux. Autour de l'extrémité méridionale du lac Kelbiah, les terres du plateau d'El Homk chutent brusquement, décrivant autour de la nappe d'eau une muraille plus ou moins complètement verticale dont les parois abruptes se dressent à plus de 60 mètres au-dessus du niveau des eaux du lac...

« La mer tritonienne était bornée, au nord, par la chaîne des Souatirs ; au midi, par le plateau d'El Homk ; entre le plateau d'El Homk et les Souatirs, par le seuil où s'est ouvert un chemin le fleuve qui, sous le nom de Bagla, amène au lac Kelbiah toutes les eaux de la Tunisie centrale. Elle avait une longueur de 45 à 48 kilomètres environ, et un pourtour de 185 kilomètres... (1).

« Le fleuve Triton n'est autre que l'oued Bagla qui se jette aujourd'hui dans le lac Kelbiah. Comme l'ancien Triton, qui, au dire de Ptolémée, descendait du mont *Oussaleton*, le Bagla, par sa branche septentrionale, nommée Merguellil, naît en arrière du mont Ousselet, dont le nom s'est ainsi maintenu dans le pays depuis dix-huit siècles... Les trois lacs qui, au dire de Ptolémée, se trouvaient sur le parcours du fleuve Triton se trouvent, eux aussi, sur le cours de l'oued Merguellil. Au premier lac en aval de Kaïrouan correspond le lac de Libye, au lac Kelbiah et à la sebkha Djeriba, les lacs de Triton et de Pallas... (2). »

(1) *La Mer intérieure africaine*, par le Dr Rouire (congrès de Blois, 1884).

(2) *L'Emplacement de la mer intérieure d'Afrique*, par le

M. Tissot, de son côté, a vu, dans les chotts situés au sud de la Tunisie et de l'Algérie, l'identification de l'ancienne mer de Triton, et, par l'étude comparée des textes anciens et de la topographie du pays, il a été amené à donner la solution suivante à cette question qui, depuis un certain nombre d'années, passionne le le monde des géographes.

Le grand fleuve Triton d'Hérodote, vraisemblablement l'Igharghar, et le cours supérieur du Triton de Ptolémée est certainement l'oued Djedi.

Les trois lacs formés par le fleuve Triton de Ptolémée sont les trois bassins du chott El Djerid, du chott El Gharsa et du chott El Melghigh. Le cours inférieur du fleuve paraît être l'oued Gabès. Enfin le lac Tritonide d'Hérodote et de Méla est certainement le chott El Djerid, et les témoignages anciens ne permettent pas de le confondre avec la petite Syrte (1).

Nous ne nous étendrons pas davantage sur cette matière, cela nous écarterait trop de notre sujet, nous renverrons le lecteur à l'ouvrage savant de M. Tissot (2) et aux études de M. le docteur Rouire qui ont été publiées dans les comptes rendus (1884) de l'Académie des inscriptions et belles-lettres relativement à l'emplacement de la mer intérieure d'Afrique (3).

Dr Rouire (extrait des comptes rendus de l'Académie des inscriptions et belles-lettres, Paris, 1884).

(1) Voir la *Géographie comparée de la province romaine d'Afrique*, par Ch. Tissot, Paris, 1884.

(2) *Idem.*

(3) Voir également le compte rendu de la 13e session de l'Association française pour l'avancement des sciences, tenue à Blois, en 1884 (Le projet de création en Algérie et en Tunisie d'une mer dite intérieure, Paris, 1851).

§ V. — Description des principales villes de la Régence; voies de communication.

Tunis (*Thunes* ou *Tunes*, *Tunisium*), la capitale de la Régence, fut fondée par une colonie phénicienne, vers le commencement du IXe siècle avant notre ère, et à peu près à la même époque que Carthage.

Tunis suivit la fortune de cette dernière et fut mêlée à toutes les luttes qu'eut à soutenir la rivale de Rome. Ruinée comme Carthage, après les guerres puniques, elle se releva plus tard, sous Auguste et Adrien, et passa des mains des Empereurs byzantins au pouvoir des Arabes (1).

Située à 10 kilomètres dans l'ouest du chenal qui la fait communiquer avec la mer, Tunis est bâtie en amphithéâtre entre deux lacs : celui de l'est, *El Bahira* (lac de Tunis), et celui du sud-ouest, sebkha *El Sedjoumi*. Elle se compose de la vieille ville, ou cité, et de deux faubourgs : *Rebat Bab el Souïka* (2), au nord, et *Rebat Bab el Djezira*, au sud, qui sont presque aussi étendus que la ville proprement dite.

La vieille ville possède une muraille spéciale, de construction mauresque, et une deuxième enceinte qui entoure la cité et les faubourgs. Ces deux murs, percés

(1) La ville de Tunis soutint plusieurs sièges. On sait comment finit l'expédition de saint Louis, en 1270. Charles-Quint fit le siège de Tunis en 1535; en 1570, le pacha d'Alger s'en empara, et la ville fut reprise trois ans plus tard par Don Juan d'Autriche, frère naturel de Philippe II; enfin, en 1574, les Espagnols furent chassés de Tunis. (Voir le chapitre suivant.)

(2) Le plus important des quartiers de ce faubourg est celui de Houmet el Andalous. — Entre Tunis et la douane on construit un nouveau quartier, le *Quartier-Franc*.

de sept portes (1), se rejoignent à la casbah, qui occupe le point dominant, à la partie occidentale de la vieille ville, et qui a la forme d'un rectangle entouré de murailles. Les fortifications de Tunis, encore bien conservées il y a quelques années, sont aujourd'hui en mauvais état; quelques forts détachés complètent sa défense : 1° le fort de *Felfel*, au nord-ouest; 2° le fort des *Andalous*, entre la casbah et le fort de Felfel; 3° les forts de la *Manouba* et de *Sidi ben Hassen*, au sud-est.

On compte, à Tunis, un nombre considérable de mosquées et de zaouïas. La principale mosquée est située dans la vieille cité; elle porte le nom de Djama el Zitoum (*mosquée de l'Olivier*), et a été construite avec des matériaux provenant de Carthage : c'est à la fois un temple et une université (2). On remarque aussi, dans le faubourg Bab el Souïka, la djama Caheh el Taba et la djama Sidi Mahrez, temples musulmans très remarquables, et dont le dernier est un asile inviolable.

Une église, un couvent de capucins, un couvent de sœurs de Saint-Joseph et de l'Apparition, une école des frères de la Doctrine chrétienne, installée dans l'ancienne maison de la Rédemption, répondent aux besoins spirituels de la paroisse catholique.

Un établissement d'instruction secondaire a été

(1) Les sept portes de l'enceinte extérieure sont : *Bab el Bahar* (porte de l'est), conduisant à la mer par le *Quartier-Franc; Bab Eleoua* (porte du sud-est, chemin de Hammam-Lif); *Bab el Fellah* (porte du sud, direction de Zaghouan); *Bab Sidi Kasem* (porte du sud-ouest); *Bab Benet*, à l'ouest; *Bab Sidi Abd es Selem* (porte du nord); *Bab el Kadra* (porte du nord-est, direction de l'Ariana et de la Goulette).

(2) La mosquée de l'Olivier renferme une bibliothèque fort curieuse.

fondé, le 13 janvier 1875, pour les jeunes musulmans de Tunis, par le général Kéreddine, sous le règne du bey Mohammed es Sadok, et a reçu, en l'honneur de ce souverain, le nom de collège Sadiki (1).

Les troupes françaises sont réparties dans les casernes, qui sont au nombre de cinq dans la ville.

A la vue des murs de Tunis, « la première impression est pleine de charmes... Tunis est restée la blanche ville dont parle Diodore; elle se révèle au loin par son éclat, la longue ligne de ses murailles, les minarets de ses mosquées et de sa casbah, un peu surélevée dans le fond du paysage. L'ensemble flatte le regard et ne manque pas de grandeur... ; le désenchantement est cruel (2). » Les maisons sont généralement à un étage, les rues sont étroites, sales et tortueuses, et elles aboutissent à de vastes places (3), occupées par des bazars ou *souks*, dont la plupart sont couverts, et dans lesquels sont accumulées les principales richesses de l'industrie tunisienne. Chaque souk a une destination particulière : ici, c'est la sellerie et les broderies sur cuir; là, ce sont les armes; plus loin, ce sont les bijoux. Les marchés les plus remarquables sont ceux où l'on vend les soieries, qui ont une réputation très méritée.

Le bey n'habite guère son palais à Tunis; il réside généralement au Bardo (4), sorte de palais et de châ-

(1) « En dehors des sciences touchant à la religion qui sont naturellement enseignées en langue arabe, toutes les autres branches d'enseignement sont professées, au collège Sadiki, en langue française. » (*Gazette géographique.*)

(2) J. de Crozals. (*Revue politique et littéraire*, 1881).

(3) Les principales places de Tunis sont celles de la Casbah, la place de la Marine et la place de Carthagène.

(4) Un décret beylical du 25 mars 1885 a institué, au Bardo, un musée

teau-fort, situé à environ 3,000 mètres de la ville. En face du Bardo, on remarque le palais de Kassar Saïd.

A quelques centaines de mètres du Bardo, on trouve, au milieu de nombreuses villas, la caserne de La Manouba, auprès de laquelle s'élève le tombeau d'une sainte de l'Islam, la chaste Manouba (1).

Tunis possède deux gares de chemin de fer : la gare française, qui est mise en communication avec le Bardo par un tronçon qui entoure la ville au sud et projette un embranchement sur Radès et Hammam Lif, embranchement qui doit être prolongé sur Sousse.

L'autre gare est la gare italienne, qui communique avec La Goulette, Carthage et La Marsa, et aussi avec le Bardo. A partir de ce dernier point, la voie ferrée se continue sur Constantine par la vallée de l'oued Medjerda.

L'eau potable est amenée à Tunis par un canal souterrain; elle provient du djebel Djioukar et du djebel Zaghouan; la casbah renferme un grand réservoir, d'où partent de nombreux canaux qui distribuent l'eau à la ville.

La population de Tunis est de 125,000 habitants,

qui portera le nom de musée Alaoui : le musée sera installé dans les locaux du harem construit par Sidi Mohammed Bey.

(1) Ecoutons la légende : « Lella Manouba avait fait vœu de chasteté : un kadi riche et puissant l'ayant recherchée en mariage, ses parents la promirent, malgré toutes ses protestations. La nuit des noces arrivée, elle dénonça au kadi le vœu qu'elle avait fait et le supplia de la ménager, mais celui-ci regardant ce vœu comme téméraire et nul, voulut user de ses droits de mari. Alors la vierge indignée, faisant usage de la puissance surnaturelle qui résidait en elle, le changea en femme, d'une seule parole. Le kadi consterné implora son pardon, mais Manouba ne lui rendit son sexe primitif qu'après qu'il eut signé un acte de répudiation en bonne forme. Depuis lors elle fut à l'abri des poursuites des prétendants, et put vaquer tout à son aise aux choses divines. »

parmi lesquels on compte 34,000 Européens, dont 3,500 Français.

Tunis fait un grand commerce ; on y remarque des manufactures de soieries, de lainages et de fez; on y vend les chechias, les burnous blancs, les couvertures de laine de Djerba et les gandouras en soie. L'importation consiste principalement en tissus de coton; les céréales, les huiles, les laines, les cuirs, les peaux et les essences, sont exportés de Tunis pour une somme assez considérable.

La Goulette (*Halk el Oued*), le port de Tunis, peut être considéré comme un faubourg de cette ville. Elle est bâtie sur une langue de terre étroite, qui sépare l'El Bahira de la mer et s'étend depuis les pentes méridionales de Carthage jusqu'au village de Radès (1). Elle est divisée en deux parties par le chenal, de 12 à 18 mètres de large, qui met en communication la mer avec l'El Bahira. Sa population est d'environ 4,000 habitants, qui se décomposent ainsi : 1600 Italiens, 800 à 900 israélites, 700 musulmans, 400 Français et 400 Anglais et Maltais.

La Goulette est fortifiée du côté de la mer ; la *forteresse* défend l'entrée du canal. Elle a été assiégée et prise par Charles-Quint, en 1535, et reprise, en 1574, par Sinan Pacha (2), qui, après avoir passé la garnison espagnole au fil de l'épée, démolit les fortifications et les reconstruisit à peu près telles qu'elles existent aujourd'hui.

La ville est assez jolie, mais les rues en sont malpropres. On y remarque la casbah, les casernes, l'ar-

(1) On y a construit un pont en pierre qui met en communication les deux parties du bourg.

(2) Voir le chapitre suivant.

senal, le palais de justice, la mosquée, un palais du bey et une église catholique.

« Le mouillage de La Goulette n'est pas abrité contre les vents du nord et d'est, qui sont très violents en hiver; mais la tenue y est bonne; toutefois, la mer s'y fait rapidement (1). »

La ville de Tunis est mise en communication avec celle de Constantine par un chemin de fer, dont les principales stations sont en Tunisie : celles du Bardo, de Djedeïda, Tebourba, Bordj Toum, Medjez el Bab, l'Oued Zergua, Béja, Souk el Arba, Saint-Meskine, Oued Meliz et Ghardimaou.

De Tunis partent plusieurs routes ou chemins, savoir (2) : 1° route Tunis—Bizerte, par Fondouk et Bou Chateur (Utique), ou par Djedeïda et Mateur (cette voie de communication doit prochainement être suivie par un chemin de fer; 2° route de Tunis à Souk Ahras; 3° route Tunis—Medjel el Bab, Slouguia, Testour, Teboursouk, Nebeur, El Kef; 4° Tunis—Kaïrouan, par Zaghouan; 5° Tunis—Sousse, par Radès, Hammam Lif, Hammamet, Henchir es Selloum et Hergla (le chemin de fer qui relie Tunis—Hammam Lif doit être prolongé jusqu'à Sousse).

1° « De tous les emplacements de cités maritimes choisis par les Phéniciens, il n'en est peut-être pas de plus heureux que celui de *Bizerte* (3). »

Bizerte (*Hippo Diarrhytus, Hippone Zarite*) est

(1) *Revue maritime et coloniale*, 1881.

(2) Pour aller d'une ville à une autre, dit M. E. Desfossés, on passe ici plutôt que là, sauf les détours qu'impose la mauvaise saison et c'est ce qu'on désigne par *route*; mais en réalité, ce n'est qu'un piétinement sur un même emplacement que suivent instinctivement bêtes et gens. »

(3) Barth, Berlin, 1849.

située au fond du golfe de ce nom, et à 60 kilomètres de Tunis. « Cette colonie, dit M. J. de Crozals, n'est autre que l'antique *Zaritus* tyrienne; le nom a gardé en latin sa forme grecque et sert à distinguer cette Hippo de la ville d'*Hippo Regius*, aux environs de laquelle s'est élevée Bône. »

Bizerte renferme une population de 4,500 habitants, dont la plupart sont Arabes; le reste est composé de pêcheurs de corail, d'origine napolitaine, de Maltais, d'Italiens et de juifs indigènes.

Comme La Goulette, cette ville est située entre la mer et un lac intérieur, le lac de Bizerte, qui reçoit lui-même les eaux du Garaa el Iskeul. Bâtie en amphithéâtre, au pied du fort d'Espagne, elle présente un aspect très pittoresque, et, par les ruines nombreuses qu'on y rencontre, on voit quelle a dû être son antique splendeur. La ville proprement dite est entourée d'un mur d'enceinte, flanqué de bastions et percé de quatre portes : 1° la porte du nord, *bab Houmt Andlès;* 2° la porte de l'ouest, *bab Houmt el Kaïd;* 3° la porte du sud, *bab Mateur* (route Bizerte—Mateur); 4° la porte de l'est, *bab El Tunes* (route Bizerte—Tunis).

Bizerte possède également une casbah du nom de Medeïna, entourée de murs crénelés, fermant au nord l'entrée du canal qui relie la Méditerranée au lac de Bizerte ; et, tout à fait au nord de la ville, la défense est complétée par le fort de Sidi Salem. Ces fortifications sont en mauvais état.

Le port de Bizerte, qui passait autrefois pour un des meilleurs ports de la Méditerranée, est aujourd'hui ensablé. La rade est abritée des vents du nord-ouest et de l'ouest et ouverte au nord et au nord-est. Le port proprement dit est formé par un canal de 28 mètres de large qui se divise en deux branches communiquant avec le lac de Bizerte (1).

La branche de l'est est la plus considérable et forme avec celle de l'ouest un îlot dans lequel est bâti le quartier des Européens, dont le nombre ne dépasse guère deux à trois cents. Deux ponts en pierre mettent en communication cet îlot avec la terre ferme. L'eau nécessaire à l'alimentation des habitants est amenée à la ville par un conduit souterrain.

Les environs sont charmants et couverts d'oliviers, qui se mêlent aux nombreux jardins et vergers dont les fruits et les légumes vont approvisionner Tunis. Autrefois Bizerte était un centre important de commerce de céréales, qui a diminué depuis quelques années. Une ligne télégraphique relie Bizerte à Tunis.

A 32 kilomètres au sud de Bizerte, et à 65 de Tunis, on trouve la ville de *Mateur*, qui a une population de 3,500 habitants. Elle est bâtie sur le penchant d'une colline, près de l'oued Joumine, rivière le plus souvent à sec et qui se jette dans l'oued Tin. C'est une ville très commerçante; son marché est surtout approvisionné en bestiaux, laines et céréales. De Mateur, une voie de communication conduit à Béja par Tehent;

2° A 11 kilomètres au nord de la voie ferrée, Constantine—Tunis, et à 107 kilomètres de Tunis, se trouve *Béja* (2), l'ancienne *Vacca* des Romains. Elle est

(1) Le lac de Bizerte pourrait être facilement converti en un port magnifique. Sa profondeur varie entre 5 et 12 mètres d'eau. L'oued Tindja se jette dans ce lac à la pointe sud-ouest. Le lac El Iskeul n'a que deux mètres de profondeur. Ces lacs, comme toute la côte tunisienne, sont très poissonneux. On évalue à 350,000 kilogrammes la quantité de poisson pêchée annuellement dans le lac de Bizerte.

(2) Une convention a été passée avec le gouvernement tunisien, le 2 avril 1885, pour la concession de la ligne Béja-Gare à Béja-Ville.

située sur le flanc d'une colline, dans un pays très riche et renferme une population de 4 à 5,000 habitants. L'enceinte qui la protège a la forme d'un pentagone irrégulier. Cette fortification, dont la casbah (1) occupe, comme toujours, le point culminant, est en assez mauvais état.

On remarque à Béja la mosquée de Sidi Aïssa, assez belle comme proportions architecturales et qui passe pour la plus ancienne de la Régence.

Béja est le centre d'un marché agricole très important.

3° Si l'on suit la route de Tunis. Testour, Teboursouk, Nebeur, on arrive à la ville du Kef, à 203 kilomètres de Tunis.

El Kef (le rocher) est, après Tunis et Kaïrouan, la troisième ville de la Régence; elle est bâtie sur l'emplacement d'une ancienne ville romaine, *Sicca Veneria*, qui fut fondée 300 ans avant notre ère, par une colonie sicilienne. Elle est située à l'extrémité occidentale du djebel Dir el Kef, et est entourée d'un mur d'enceinte et protégée par des bastions. Le tracé de cette enceinte a la forme d'un demi-cercle dont le diamètre est situé vers le nord. La casbah occupe le milieu de ce diamètre. Cet ensemble de fortifications est en mauvais état et il est dominé, au nord, par le plateau de Ben Smida, d'où l'on peut facilement bombarder la ville.

La muraille est percée de quatre portes, dont les deux principales sont celles de *Bab Ben Ani*, où arrive la route venant de Tunis, et *Bab el Aouert*, où aboutit le chemin qui conduit à Souk Ahras.

(1) La casbah renferme le meilleur puits de la ville.

El Kef est une des villes les mieux pourvues d'eau de toute la Régence. On y remarque une belle fontaine, la casbah est alimentée par une source abondante venant d'un ravin de l'est; enfin, au sud-est des fortifications, on compte treize citernes romaines, communiquant entre elles.

« L'intérieur de la ville est laid et malpropre; les rues sont étroites et escarpées; le bazar n'a rien de pittoresque; les maisons sont basses (1)..... » On y voit plusieurs mosquées et zaouïas (2). Sa population est de 6,000 à 7,000 habitants. La ville du Kef est un marché important, où les tribus voisines apportent leur orge, leurs olives, qu'elles échangent contre des cotonnades, de la quincaillerie, du café, du sucre et de la poudre, qui y est fabriquée et vendue en liberté. On y fait aussi des burnous très estimés.

A 13 kilomètres au nord-est, on trouve, au milieu de beaux jardins et de belles plantations d'oliviers, le village de *Nebeur*, dont la population s'élève à environ 800 habitants;

4° De Tunis, on va à Kaïrouan par Mohamedia, Zaghouan et Bir el Bey. A partir de Bir el Bey jusqu'à Kaïrouan (32 kilomètres), on trouve une plaine marécageuse et presque impraticable pendant la saison des pluies.

Kaïrouan occupe le point où convergent toutes les voies de communication de la Tunisie centrale : c'est la cité sainte par excellence, la capitale religieuse de

(1) A. de la Berge. (*En Tunisie*, Paris, 1881.)

(2) On voyait autrefois au Kef ce fameux temple de Vénus « où les femmes de la ville, imitées plus tard par les filles des Oulad Naïl, venaient gagner leur dot ».

la Régence, dont elle a été autrefois la ville la plus importante. Elle a été fondée vers la fin du VIIe siècle par Obka (1), l'un des chefs les plus illustres dans les fastes de l'Islamisme.

« Comme Constantinople, comme le Caire, comme Damas, Kaïrouan, vue d'ensemble avec ses nombreuses coupoles, ses terrasses, ses minarets, ses murs crénelés, présente un aspect féerique (2). »

La ville est propre et bien bâtie (3), mais les rues sont étroites et inextricables. Actuellement, un certain nombre d'entre elles portent les noms des généraux et des officiers supérieurs ayant commandé pendant l'expédition de 1881-82. Ainsi l'on voit la rue du Général-Saussier, la rue du Général-Etienne, celle du Colonel-Moulin, etc... (V. le ch. III).

Sa population, qui jadis était de 50,000 habitants, ne compte plus que 13,000 à 14,000 âmes.

Ses fortifications sont assez bien conservées, et la forme de cette enceinte est celle d'un parallélogramme irrégulier dont la casbah occupe le nord.

(1) « Vers 41 de l'Hégire (662 après J.-C.), Moaouïa ben Koudéidj, envoyé par le khalife Moaouïa Ier, paraît avoir élevé sur le point occupé par la ville quelques constructions auxquelles il donna le nom de Kaïrouan. C'est la première Kaïrouan.

« En 47 de l'Hégire (668 après J.-C), un général, du nom d'Obka ben Amir, aurait bâti au même endroit la mosquée des Ansars, qui existe encore aujourd'hui, mais qui a subi naturellement plusieurs restaurations. Un grand nombre d'auteurs arabes lui attribuent aussi la fondation de la seconde Kaïrouan.

« D'après les témoignages les plus accrédités, la construction de Kaïrouan remonte à l'année 50 de l'Hégire (671 après J.-C.). » (R. Cagnat et H. Saladin.)

(2) R. Cagnat et H. Saladin.

(3) A 1 kilomètre environ de Kaïrouan, on voit les ruines de Sabra, que l'on croit être l'ancien *Vicus Augustus*, et où Obka aurait puisé la plus grande partie des matériaux qui ont servi à l'édification de Kaïrouan et de sa grande mosquée.

« La muraille qui entoure Kaïrouan remonte au XVe siècle; elle est construite en pierre de taille et en brique qui en forment le revêtement extérieur; sa hauteur est de 10 mètres, elle est couronnée de larges créneaux arrondis; son épaisseur est de 2 à 4 mètres; elle est reliée par des tours carrées ou rondes et percée de cinq portes (1) en comptant celle de la casbah (2). »

Lorsque Kaïrouan était la capitale du pays « ses environs entourés de montagnes et de forêts, fertilisés par les grands travaux d'irrigation dus à la domination romaine, produisaient le blé, l'orge, tous les grains, toutes les céréales. Un immense jardin d'oliviers formait une ceinture verte à la ville. Tous ces éléments de richesse disparurent peu à peu (3) », et aujourd'hui la plaine est déserte.

Kaïrouan a cinq quartiers différents et sept faubourgs en dehors de l'enceinte fortifiée. Un des faubourgs les plus importants est celui qui est à l'ouest de la ville et qui est habité par les Zlass, « gaillards bien découplés et vigoureux ». Un autre faubourg porte le nom de Bir el Emir (puits de l'émir) et est ainsi appelé à cause du puits qui s'y trouve et qui est le seul qui existe dans la cité. Partout ailleurs, l'eau potable ne s'y trouve point et les habitants ont dû construire dans leurs maisons des citernes particulières, indépendamment des grands réservoirs publics établis en dehors de la ville (4).

(1) Ces portes sont les suivantes : *bab El Sahel*, à l'est; *bab El Djelladin*, au sud; *bab Khoukha*, au sud-ouest; *bab El Tunes*, au nord-ouest.

(2) Joanne.

(3) Léon Journault (*Notes de voyage*, avril 1883).

(4) La plus importante de ces citernes est celle des Aglabites qui

Les mosquées sont très nombreuses à Kaïrouan ; certains voyageurs prétendent en avoir compté une trentaine et que les zaouïas y sont au nombre de soixante. La grande mosquée, la djama El Kebir, est surtout remarquable : « l'ensemble est d'un aspect grandiose, nous apercevons dans la pénombre toute une forêt de colonnes (1) entre lesquelles glissent quelques rayons estampés de soleil. Ces colonnes ont toutes les origines et diffèrent toutes les unes des autres. Çà et là des groupes d'Arabes en prière nous regardent sans interrompre leur psalmodie. La chaire, placée au fond de l'édifice, porte de magnifiques revêtements de marbre. La mosquée de Kaïrouan passe pour aussi belle, mais un peu moins grande que la mosquée de Cordoue. Je ne connais qu'un des deux termes de la comparaison et j'admire en m'abstenant de tout parallèle : c'est la vraie manière d'admirer (2). »

Les autres mosquées dignes d'être citées sont la djama El Zitoun, la djama Sidi Abada et la djama Sidi es Sahab (située *extra muros*), qui renferme la barbe du prophète Mohammed ainsi que sa tombe et celle d'un de ses compagnons. « Deux fois par semaine les femmes de Kaïrouan, vêtues à peu près comme celles du sud de la province de Constantine, d'une grande pièce d'étoffe de laine et de coton noir ou bleu, que l'on nomme *m'laffah* et qui les enveloppe tout entières, se rendent nu-pieds et processionnellement à ce sanctuaire pour y faire leurs dévotions (3). »

est située près de la porte de Tunis. L'eau de l'oued Merguellil y arrive lors des crues de la rivière et y est filtrée dans deux immenses réservoirs.

(1) Ces colonnes sont, dit-on, au nombre de quatre cents.

(2) Léon Journault (*Notes de voyage*),

(3) La grande mosquée bâtie par Obka fut presque rasée complètement

Pendant longtemps, la ville sainte a été interdite aux chrétiens, et les juifs ne devaient s'en approcher qu'à une distance de 2 kilomètres (1). M. Léon Journault qui a visité Kaïrouan au mois d'avril 1883 écrit ce qui suit :

« Je m'attendais à trouver quelque fanatisme religieux chez les habitants de la ville sainte si longtemps et si rigoureusement fermée aux infidèles. Il n'en est rien. Tandis qu'à Tunis, l'entrée des mosquées est toujours interdite aux infidèles, nous pouvons visiter librement celle de Kaïrouan à la condition d'obtenir une permission écrite que le gouvernement tunisien ne refuse jamais (2). »

La principale industrie de Kaïrouan est la sellerie, la pelleterie et la maroquinerie. On y tisse également des nattes en sparterie et des tapis. Ses fabriques de bottes en *fillahy*, sorte de maroquin, sont très renommées. On fabrique aussi, à Kaïrouan, des gobelets, des

en l'an 81 de l'Hégire (703 de J.-C.), par Hassan ben Nouman. Elle fut rétablie et agrandie en l'an 105 de l'Hégire ; en l'an 155 de l'Hégire (772 de J.-C.) Yézid ben Hâtem la fit démolir encore une fois pour la rebâtir ensuite. Enfin, Ziadet Allah Ier, second prince de la dynastie des Aglabites, la rasa de nouveau, l'an 205 de l'Hégire (821 de J.-C.), et la réédifia (*Tour du Monde*, mai 1885).

(1) Comme les transactions entre les habitants de Kaïrouan et les juifs sont fréquentes, on a assigné à ceux-ci la maison Dar el Aman (maison de la paix), située presque au confluent de l'oued Merguellil et de l'oued Zeroud, au nord de Kaïrouan, et où ils affluent les jours de marché.

(2) M. Duveyrier, dans son ouvrage sur la Tunisie, fait à ce sujet les réflexions suivantes : « Malgré l'atmosphère de bigoterie, bien naturelle dans un lieu aussi saint, bigoterie qui se traduit d'ailleurs par une fleur de fanatisme rendant l'entrée de Kaïrouan difficile aux voyageurs chrétiens, il s'y produit un phénomène qui ne surprendra pas ceux qui connaissent la chronique scandaleuse de Rome papale au commencement des temps modernes, et de la Mekke de toutes les époques : les mœurs y sont relâchées, à ce point que le plus grand nombre des danseuses qui charment les musulmans de Tunis ont vu le jour sur le sol sacré où repose la barbe de Mohammed. »

aiguières, des plateaux d'un aspect grossier, mais qui ne manquent pas d'élégance ni d'originalité. Tous ces produits sont mis en vente dans les marchés de la ville dont quatre d'entre eux sont très importants.

On vient de créer dernièrement à Kaïrouan une école annexe du collège Sadiki établi à Tunis.

Kaïrouan est reliée à Sousse par le chemin de fer Decauville qui a rendu de si grands services pour les approvisionnements pendant l'expédition française en 1881. Les principales stations sont celles de Sidi el Hani (1), d'El Onk et de l'oued Laya.

A Kaïrouan aboutissent également les chemins conduisant au Kef et à Gabès. Nous décrirons plus loin ces deux villes.

5° Sur la route de Tunis—Sousse, on trouve, à 17 kilomètres de Tunis, la ville de *Hammam Lif* (*Hammam el Enf*) dont la population est de 3,000 habitants. Elle est située au pied du djebel Bou Kernein et comprend : 1° la ville proprement dite, qui est entourée d'une enceinte fortifiée et qui possède une tour carrée ; 2° la ville extérieure, la plus importante, et où l'on ne voit que des villas et des jardins magnifiques.

On y remarque le palais du général Kéreddine, le Dar el Bey ; la ville est renommée par ses eaux thermales.

Hammam Lif « est le futur Trouville de la grande ville tunisienne ; déjà, sur le sable, s'élève une longue rangée de cabines de bain que le monde élégant vient occuper pendant la saison (2). »

(1) Sidi el Hani, qui ne comptait que quelques maisons au moment de l'expédition française, est aujourd'hui un bourg important. Il est entouré de marécages au moment de la saison des pluies.

(2) Léon Journault.

La capitale du Sahel est la ville de **Sousse**, l'Hadrumète des anciens (1). Elle est à 239 kilomètres de Tunis et renferme une population de 8,000 habitants dont 600 Européens et 1000 israélites. Sousse est bâtie sur une colline, entourée d'une muraille crénelée, flanquée de tours et percée de trois portes : *bab El Bahar* (porte de la marine), direction de Sousse à Monastir; *bab El Djedid* (porte neuve); *bab El Gharbi* (porte de l'ouest). Son enceinte peu solide a la forme d'un quadrilatère irrégulier; la casbah occupe l'angle sud-ouest.

Démantelée lors de l'invasion vandale, puis relevée sous Justinien, qui lui rendit son antique prospérité, Sousse fut ensuite prise par les Arabes et refortifiée par eux du temps de Ziadet Allah ben Agla, en l'an 827 de notre ère. Au XVIe siècle, une escadre espagnole, sous la conduite d'André Doria, vint l'assiéger et s'en empara.

Les Français, puis les Espagnols, au siècle dernier, la bombardèrent successivement.

La ville est propre et bien bâtie; ses rues sont larges; on y voit un palais du bey, douze mosquées, une

(1) « Hadrumète a joué dans l'histoire, à toutes les époques, un rôle fort important que son heureuse position suffit à expliquer. C'était autrefois un des comptoirs carthaginois, un des plus grands, un des plus prospères. Aussi quand Annibal, fuyant l'Italie, eut débarqué à Lamta et se prépara à marcher contre Scipion qui venait de Carthage, il prit Hadrumète comme base de ses opérations, et lorsqu'il eut été trahi par la fortune à la bataille dite de Zama, c'est encore là qu'il vint se réfugier.

« Pendant les guerres civiles qui marquèrent la fin de la République romaine, césariens et pompéiens se disputèrent cette position avec acharnement jusqu'au jour où, par la victoire de Thapsus, elle tomba définitivement au pouvoir de César » (*Voyage en Tunisie*, par MM. R. Cagnat et H. Saladin).

chapelle catholique (1), une synagogue, quelques écoles, plusieurs marchés bien approvisionnés.

La grande mosquée est « un édifice important, orné de belles colonnes de marbres antiques, de styles divers, relevées sur l'emplacement même et employées sans aucune préoccupation d'harmonie architecturale (2) ».

On voit également à Sousse le café du Dôme ou de la Coupole (*el kaouat El Kouffa*) qui est très curieux, ainsi qu'une vieille citadelle, *ksar el Ribat*, convertie aujourd'hui en *medersa* (collège) et dont la fondation est attribuée à Ziadet Allah, prince de la dynastie des Aglabites.

Sousse était autrefois le grand port oriental de la province d'Afrique ; de nos jours encore, il est un des grands entrepôts pour l'huile fabriquée dans tout le Sahel. Le port actuel est situé un peu au sud de l'ancien port qui est aujourd'hui ensablé. Les principales matières exportées sont : les huiles, les olives, les dattes, les laines, les peaux et les savons. On estime à huit millions de francs le montant des huiles exportées annuellement.

A 12 kilomètres sud-ouest de Sousse, sur la route de Kaïrouan, par Knaïs, est situé *Msaken*, qui doit sa réputation à une école célèbre, la *medersa* de Sidi Ali ben Khalifa, sorte d'université qui produit chaque année une foule de docteurs en théologie et en droit musulman.

Si, après avoir quitté Sousse, on se dirige par terre

(1) On y remarque également une communauté de religieuses françaises de l'ordre de Saint-Joseph, qui ont une école où sont admises les petites filles de toutes les nations.

(2) Anna de Voisins.

vers le sud, on atteint El Djem (à 62 kilomètres), et la ville maritime de Sfax.

Le village d'**El Djem** a une population de 1,000 habitants. Il est construit à l'est du magnifique amphithéâtre de *Thysdrus*. Cet amphithéâtre, considéré comme l'un des plus beaux de l'Afrique du Nord, a 33 mètres de hauteur; la longueur du grand axe de son arène est de 64^{m},92 et celle de son petit axe est de 52^{m},22 ; il est construit en blocs de grès et sa distribution est la même que celle du Colisée de Rome.

Les nombreuses inscriptions qui existaient sur la façade de ce monument ont été transportées par M. Tissot au musée du collège Saint-Louis de Carthage.

Sfax (1) (*Thaphura*) est une ville d'environ 10,000 âmes, bâtie en amphithéâtre au milieu de jardins fort étendus, couverts d'oliviers, d'amandiers et de figuiers. Elle se divise en deux parties : la ville arabe et la ville européenne. La ville proprement dite, la ville musulmane, a la forme d'un rectangle; elle est entourée d'un mur percé de trois portes et possède une casbah qui occupe la partie sud-ouest de son enceinte. Sfax n'a guère d'autre eau, pour son alimentation, que celle des puits et des citernes, ou bien encore celle qui est recueillie dans d'immenses réservoirs construits dans la partie occidentale de la ville.

Elle renferme plusieurs mosquées, une synagogue, une chapelle catholique et un couvent des sœurs de Saint-Joseph.

Sfax fait un grand commerce d'huiles, d'éponges,

(1) Sfax a été bombardée et prise par l'amiral Garnault, le 16 juillet 1881. (Voir le chapitre III.)

de laines, d'alfas et de dattes du Djerid. Son port est sûr, mais si peu profond que les navires un peu forts doivent mouiller au large. La marée se fait à Sfax de même qu'à Gabès ; la différence entre les hautes et les basses eaux est d'environ 1m,50. A l'époque des équinoxes, cette différence est beaucoup plus considérable encore, elle est de 2m,60.

Telles sont les villes importantes de la Régence ; mais notre ouvrage présenterait une lacune si nous ne parlions des oasis de Gafsa et de Gabès.

Gafsa, l'ancienne *Capsa* (1) des Romains, prise et saccagée par Marius lors des guerres contre Jugurtha, est bâtie sur une éminence, à 50 kilomètres au sud de Ferianah (2) « dans une sorte d'oasis de 10 kilomètres carrés, où les sources abondent et où l'œil se repose sur d'admirables jardins et de gracieux bois de palmiers (3).

L'oasis de Gafsa est arrosée par l'oued Gafsa (cours supérieur de l'oued Baïach). Elle comprend la ville de Gafsa, dont les fortifications sont délabrées, et quatre villages. Sa population est de 5,000 habitants.

Gafsa possède une casbah, six mosquées et le palais du bey (*dar El Bey*) où l'on remarque les thermes. « Les constructions les plus intéressantes sont les piscines romaines, entourées de cellules, qui servent

(1) « A Ghar el Gellaba, dans les environs, on retrouve aujourd'hui l'ancienne carrière d'où sortirent jadis les matériaux avec lesquels la ville fut autrefois construite. » (P. Zaccone.)

(2) Ferianah est bâti sur les ruines romaines de *Thala*. Au nord de Ferianah on trouve, à l'ouest de Sbaïtla, les ruines de Ksarin, l'ancienne ville de *Scillium*, où l'on remarque plusieurs tombeaux chrétiens, un arc de triomphe et de nombreuses inscriptions.

(3) Albert de la Berge (*En Tunisie*, Paris, 1881).

de bains chauds aux habitants. On trouve une de ces piscines dans la citadelle, trois autres dans la ville. Ces trois dernières sont contiguës et bâties de manière que la même eau thermale les alimente successivement en entrant dans le *termîl El Bey* (les thermes du Bey), pour passer dans le termîl Er Redjâl (les thermes des hommes), et enfin dans le termîl En Nesâ (les thermes des femmes). Nous avons mesuré la température de l'eau aux thermes des hommes et l'avons trouvée de 29° (thermomètre centigrade (1). »

Sous l'ombre protectrice des palmiers et des oliviers, les jardins produisent des légumes en abondance et on y récolte des fruits de toutes sortes.

La principale industrie du pays consiste dans la fabrication des burnous et des *haïks* estimés dans toute la Régence (2).

A l'exception des juives, qui sont très belles, la plupart des habitants ont une apparence rachitique et scrofuleuse et presque tous sont atteints de maladies d'yeux.

A l'est de Gafsa, on trouve plusieurs villages, dont le principal, celui d'El Guettar, est situé au pied du djebel Arbet.

Si, après avoir quitté Gafsa, on se dirige vers le sud-ouest, par la vallée de l'oued Tarfaoui, on atteint les riches oasis de Touser et de Nefta.

La ville de *Touzer* (anciennement *Tyzurus*) est bâtie en briques cuites ou en briques de terre séchées au soleil et possède une population de 2,000 habitants. On

(1) H. Duveyrier (*En Tunisie*).

(2) Un télégraphe est établi entre Kaïrouan et Gafsa, en passant par Glima. Ce dernier poste se trouve à 100 kilomètres de Kaïrouan et à 120 au nord-est de Gafsa qui est déjà reliée à Gabès.

y compte cinq ou six mosquées et un palais du bey. La principale industrie consiste dans la fabrication des burnous et des *haïks Djeridi*, renommés dans l'Afrique musulmane.

Au nord de Touzer, et de l'autre côté de la chaîne de montagnes, on trouve, à une distance de 8 kilomètres, l'oasis d'El Hamma (composée de quatre villages), qui est arrosée par des sources thermales et qui a une population de 2,000 habitants.

A 7 kilomètres au nord-est de Touzer, sur la rive du chott El Djerid, commence l'oasis d'El Oudian, dont les principaux villages sont ceux de Degache, de Kriz et de Sedada. Ces villages sont bâtis en brique, au milieu de bouquets de palmiers, d'oliviers, d'amandiers et de figuiers.

Enfin, à 24 kilomètres à l'ouest de la ville de Touzer, on trouve l'oasis de Nefta, qui a une superficie de 500 hectares environ et qui produit en abondance la datte, l'orange, le citronnier, la figue et le jujube, et dont la population est d'environ 8,000 habitants (Voir, pour le Nefzaoua, page 21).

A l'est du Djerid et au sud de l'oued El Karit, et bordant le littoral, on trouve la province de l'Arad, dont Gabès est le chef-lieu.

Gabès n'est pas une ville, c'est la réunion d'un groupe de magnifiques oasis. Le petit port de Gabès est à l'embouchure de l'oued et il est défendu par un fort. On y remarque les deux villages de Menzel 3,000 habitants), anciennement *Tacape*, et de Djara (4,000 habitants). Des bois de dattiers entourent cet ensemble de lieux habités et descendent jusqu'au bord de la mer.

Le sol de l'oasis de Gabès est très fertile ; la vigne y vient très bien et donne d'excellents raisins. On évalue la population totale de cette oasis à 15,000 habitants. Ces derniers sont actifs et laborieux, et, grâce à l'influence bienfaisante de la France, Gabès est appelée à prendre un rôle important comme station terminus se rattachant aux oasis tunisiennes, et, par Tébessa, à notre possession de l'Algérie.

CHAPITRE II.

La Tunisie sous la domination romaine. — Les Vandales. — La Tunisie sous la domination arabe. — La Tunisie sous la domination turque ; les beys jusqu'à Ali Bey.

La Tunisie occupe aujourd'hui l'emplacement de l'ancienne province romaine qui fut fondée en l'an 146 (av. J.-C.), lorsque Carthage eût été détruite par Scipion Émilien (1), à la fin de la troisième guerre punique. Cette province comprenait la Zeugitane (territoire de Carthage) et la Byzacène, et était bornée, à l'ouest, par la Numidie. La bataille de Thapsus (46 ans av. J.-C.) amena la réduction en province de toute la Numidie et d'une partie du pays des Gétules. Quelques années plus tard, un des deux rois maures. Bogud, ayant pris le parti d'Antoine, Octave adjugea ses Etats, la Mauritanie tingitane, à l'autre prince, maître déjà de la Mauritanie césarienne, et, à la mort de celui-ci, en l'an 33, il réunit le tout au domaine de la République. « L'Afrique septentrionale avait changé

(1) « La couche épaisse de cendres, de pierres noircies, de bois carbonisés, de fragments de métaux tordus ou fondus par le feu, d'ossements à demi calcinés, qu'on retrouve encore, à cinq ou six mètres de profondeur, sous les décombres de la Carthage romaine témoigne assez de ce que fut cette horrible destruction. » (Tissot.) — On croit que Carthage fut fondée entre 880 et 860 (av. J.-C.).

de face dans l'espace de quelques années, et la même influence, s'étendant d'Alexandrie à Tanger, allait ramener la vie sur ses rivages désolés. Déjà Carthage, relevée par César, colonisée encore par Auguste, redevenait une florissante citée (1). »

Carthage reconstituée porta le nom de *Colonia Julia Carthago* (2), et la Carthage romaine fut construite sur les ruines de la ville punique ; mais ses murailles ne furent pas relevées (3).

La nouvelle Carthage s'accrut promptement ; elle devint bientôt la cité la plus importante de l'Afrique romaine, et succéda à Utique comme chef-lieu de la province. Les lettres et le christianisme y firent de rapides progrès. C'est des écoles de Carthage que sont sortis Apulée, Tertullien, saint Cyprien et saint Augustin (4).

En 429, lorsque les Vandales, pressés par les Visigoths et les Suèves, durent quitter l'Espagne, sous la conduite de leur roi Genséric, ils passèrent en Afrique, où les appelait le comte Boniface, gouverneur de cette province. Quelques années plus tard, ils arrachèrent

(1) Voir Duruy, *Histoire des Romains*, tome III.

(2) En l'an 121 (av. J.-C.), Caïus Gracchus conduisit à Carthage une colonie qu'il appela *Colonia Juniona*, et qui ne tarda pas à devenir très prospère. Commode donna à *Carthage* le nom de *Alexandria Commoda Togata; Caracalla* l'appela *Colonia Aurelia Antoniniana Carthago ;* enfin, cette ville reçut de Justinien son dernier surnom, *Justiniana*, et, au concile de 553, l'archevêque de Carthage est qualifié d'*Archiepiscopus Justinianæ Carthaginis*.

(3) « La politique soupçonneuse de Rome ne permit pas à la nouvelle ville, toute romaine qu'elle était, de reconstruire ses remparts. Ce fut seulement la veille de l'invasion vandale, en 424, que Théodose II l'autorisa à s'entourer d'une enceinte fortifiée... La nouvelle enceinte fut construite aux frais de la cité. » (Tissot.)

(4) Saint Augustin, évêque d'Hippone, mourut dans la ville pendant que les Vandales en faisaient le siège.

le diocèse de Carthage aux Empereurs qui régnaient encore nominativement à Byzance (439).

Vers 533, Bélisaire, envoyé en Afrique par Justinien pour combattre les Vandales, défait Gélimer, leur roi, lui enlève Carthage et chasse pour jamais ces barbares de l'Afrique.

Mais un empire nouveau, celui des Arabes, vient d'être créé. Cet empire, après avoir embrassé successivement l'Arabie, la Syrie, l'Egypte et la Perse, s'étend rapidement jusqu'aux Colonnes d'Hercule.

Abdallah ravage, en 647, la Tripolitaine et la Tunisie. Obka conduit une expédition en Mauritanie et fonde, à son retour, la ville de Kaïrouan, qui devient la résidence des gouverneurs envoyés par les khalifes (671 après J.-C.). Vingt-deux ans plus tard, *Hassan ben Nouman* s'empare de Carthage et de Tunis. « Carthage, prise et saccagée par Hassan, ne se releva plus de ses ruines, et ce fut alors seulement qu'elle fut condamnée à cette solitude à laquelle l'avait vouée les imprécations religieuses du second Africain... Les Arabes s'établissent à Tunis, plus éloignée de la mer, et, par conséquent, plus à l'abri des attaques des puissances chrétiennes. Carthage ne fut plus qu'une vaste carrière, où l'on vint de toutes parts chercher des matériaux (1). »

A partir de cette époque, la ville de Tunis, qui avait été fondée quelques années avant Carthage, et qui avait suivi la fortune de cette ville, fut gouvernée par des émirs nommés par les gouverneurs de Kaïrouan. Bientôt ces derniers finissent par se rendre indépendants, et, dès l'an 800, l'un d'eux, *Ibrahim*

(1) Tissot.

ben Aglab, lieutenant du khalife Aroun al Raschid, se révolte ouvertement et fonde la dynastie des *Aglabites*, qui, un siècle durant, sait se maintenir indépendante en Tunisie. Un prince aglabite fait, en 852, la conquête de la Sicile; mais un de ses successeurs se la voit enlever, en 1074, par les Normands, que commande Roger. C'est sous le règne de l'avant-dernier des Anglabides, sous celui de Abou Ichab Ibrahim, que Kaïrouan cesse d'être la résidence royale, et que Tunis devient la capitale du royaume (898 ap. J.-C.).

La dynastie des *Fatimites*, fondée en 903 par *Abou Mohammed Obeid Allah*, est remplacée, en 960, par celle des *Zeyrites*, qui occupent le trône jusqu'en l'an 1160, où un prince du Maroc chasse tous les chrétiens de l'Afrique, établit sa domination à Tunis, et fonde la dynastie des *Almohades*.

En 1206, *Abdel Ouhaid*, de la famille des *Beni Hafs*, érige la Tunisie en royaume, prend le titre de roi, et établit la dynastie des *Hafsides*. C'est pendant la dix-huitième année du règne de son petit-fils, Mohammed Mostanser, que saint Louis entreprit, en 1270, contre Tunis, cette fameuse expédition qui devait lui coûter la vie (1).

L'empire de Tunis était alors très florissant et s'étendait jusqu'au Maroc. Tlemcen et Ceuta avaient été conquis dès 1236, et, en l année 1250, les villes de Bone, de Bougie, de Tripoli, de La Calle, de Collo, de Djigelli, de Dellys et de Cherchell, reconnaissaient l'autorité du roi de Tunis.

(1) D'après le sire de Joinville, Louis IX, son maître, « estoit venu devant le chastel de Carthage » espérant voir « le roi de Thunes se chrestienner luy et son peuple ».

En 1347, les Beni Hafs sont dépossédés de Tunis par les *Mérinides* (1); mais ils remontent sur le trône, en 1533, avec *Moulay Hassen*.

Le premier acte de ce souverain est de faire étrangler ses frères, à l'exception du plus jeune, Reschid. Ce dernier parvient à s'échapper et se réfugie à Alger, auprès de Khair ed Din (Barberousse), qui règne dans cette ville. Le roi d'Alger accueille le fugitif, « et jugeant bien que celuy-cy luy seroit un beau prétexte pour s'emparer de Thunes, il luy conseille de s'en venir à Constantinople, pour informer le Grand Seigneur de son affaire (2)... Solyman, reconnoissant assez combien cette place luy estoit importante pour les desseins qu'il avoit contre l'empereur Charles, Barberousse fut incontinent depesché avecques bon nombre de galères fournies de gens de guerre... et celuy-cy tourna tout court son armée contre Thunes (3). »

Barberousse s'empare de Tunis, qui lui ouvre ses portes et chasse Moulay Hassen. Celui-ci, dépossédé, s'adresse à Charles-Quint.

L'Empereur, qui commençait à voir dans Barberousse un voisin dangereux, part de Barcelonne, en 1535, avec une flotte et une armée, et se présente devant la Goulette (4).

(1) L'histoire se tait sur la dynastie des Mérinides. Toutefois c'est sous le règne de cette famille que les Génois demandèrent, en 1390, l'appui de la France contre les Tunisiens. Le roi Charles VI envoya contre Tunis une flotte commandée par son oncle Louis II, duc de Bourbon. Les Tunisiens rentrèrent dans le devoir à la suite de cette expédition.

(2) Reschid mourut en prison à Constantinople.

(3) Mezeray (*Histoire générale des Turcs*, livre XIV).

(4) « La Goulette estoit une grosse tour quarrée, entourée de plusieurs bastions, et assise presque sur la bouche d'un canal, par lequel entrant dans la mer bien avant, elle fait tout vis-à-vis un estang, sur lequel est assise la ville de Thunes, loin de la mer d'environ douze milles. Cette

Après un siège de cinq semaines, les Turcs abandonnent la forteresse de La Goulette et se réfugient à Tunis. Barberousse ne se décourage pas devant cet échec; il sort de la ville et se porte au-devant de l'armée de Charles-Quint pour lui livrer bataille. Défait, il se dispose à rentrer à Tunis, quand il aperçoit « les enseignes des chrétiens plantées sur les murailles ». Les portes de la ville leur avaient été ouvertes par 20,000 esclaves que Barberousse avait imprudemment laissés à Tunis. « L'armée chrétienne entra dans Thunes, et la saccagea l'espace de vingt-quatre heures, à la requeste même de Moulay Hassen, qui y estoit présent, lequel l'empereur Charles remit en son royaume de Thunes (1) », après avoir laissé à La Goulette une garnison espagnole. A peine les Espagnols se sont-ils éloignés, que Moulay Hassen est renversé. Ce prince fut rétabli deux fois sur son trône par les Espagnols, en 1537 et en 2542. Son fils *Hamidah* le renverse à son tour, lui crève les yeux et l'envoie en Sicile, où il finit misérablement ses jours.

La Tunisie vivait dans la paix depuis quelques années, lorsque le pacha d'Alger El Ulugh Ali s'empara de Tunis, en 1570, et chassa Hamidah, roi titulaire de la couronne d'Espagne.

Trois ans plus tard, Philippe II intervint. Il donne le commandement d'une expédition à son frère naturel, don Juan d'Autriche. Celui-ci entre à Tunis sans résistance (1573). Mais les Espagnols ne demeurent

ville estoit lors fort grande et peuplée, mais mal close de murs fort foibles et fort bas, ayant encore trois grands faux-bourgs plus pleins de peuple beaucoup que la ville, laquelle estoit toute pleine de marchands et d'artisans et autres sortes de gens nullement propres au maniement des armes. » (Mezeray, *Histoire générale des Turcs*, livre XIV.)

(1) Mezeray.

pas longtemps maîtres de cette ville (1). Selim II envoie Sinan Pacha avec une flotte et une armée formidable pour reprendre Tunis. Les Turcs font le siège de La Goulette. Écoutons Mézeray : « La première batterie se dressa contre le bastion qui estoit du costé de la mer, qui fut battu si furieusement et sans aucune intermission (pour raffraîchir les pièces) que la brèche estant plus que raisonnable, les Turcs vinrent incontinent à l'assaut, ayant fait un pont d'antennes, selon leur coustume : toutefois ils furent pour lors fort vaillamment repoussez... Mais Sinan Pacha y fit donner un assaut général à tant de reprises, raffraîchissant toujours ses gens de nouvelles bandes, qui succédoient les unes aux autres sans relasche, que les assiégez succombèrent enfin, et les Turcs estant entrez d'assaut, ils furent presque tous mis au tranchant de l'épée, pour le moins s'en sauva il un fort petit nombre. »

Les Turcs assiégèrent l'autre fort, « mais ils y firent fort mal leurs affaires, car la place fut très bien défendue (2) » et ils ne s'en rendirent maîtres qu'après avoir donné cinq fois l'assaut.

Les Espagnols n'avaient pas défendu Tunis (3). « Sinan, après cette conquête, fit demanteler cette ville, raser la Goulette et le fort rez-pied, rez-terre, et bastir au lieu un fort en forme de havre, qu'il fit très bien munir pour servir de retraite aux Turcs (1574) (4). »

Une ère nouvelle s'ouvrait pour la Tunisie, elle pas-

(1) Les Espagnols construisirent un nouveau fort entre l'ancien et la ville, augmentèrent les défenses de La Goulette et fortifièrent Bizerte.

(2) Mezeray.

(3) Les Espagnols se voyant hors d'état de pouvoir défendre la ville de Tunis s'étaient réfugiés dans le *fort Neuf*, et ils s'étaient contentés de défendre La Goulette et les forts.

(4) Mezeray.

sait au pouvoir des Turcs. Tunis est dès lors gouvernée par un pacha-bey qui reconnaît la suzeraineté de la Porte et est élu par le Divan ou Conseil suprême composé des principaux officiers des janissaires.

Cette organisation dura deux ans. Les janissaires massacrent les membres du Divan, en élèvent d'autres et confient le pouvoir à un dey (1), fonctionnaire révocable à leur volonté.

Ce nouvel état de choses subsiste pendant environ soixante-quinze ans. Durant ce temps, Tunis cesse d'être en proie aux révoltes et aux séditions militaires.

En 1650, *Ali Bey* parvient à rendre le pouvoir beylical héréditaire dans sa famille, et, après un règne paisible, il laisse la succession à son frère *Mohammed* (2).

En 1689, le bey d'Alger s'empare de Tunis, chasse Mohammed de son trône et y met à sa place *Ahmed ben Chouk*. Mohammed revient bientôt à la tête de nombreuses tribus arabes et renverse son adversaire.

A sa mort, son troisième frère, *Ramadan*, lui succède. Ce prince ne règne pas longtemps, il périt assassiné par Mourad, son neveu. Mourad est assassiné à son tour par *Hibrahim el Chérif* qui est détrôné en 1705, et meurt à Porto Farina, après avoir été détrôné lui-même par les Algériens qui ont envahi la Tunisie.

L'armée appelle alors au trône *Hussein ben Aly*, le fondateur de la dynastie qui règne actuellement à Tunis (1705).

(1) « Le dey, par opposition au pacha-bey, qui représentait le sultan : On donna tantôt le titre de dey, tantôt le titre de bey au nouveau dépositaire du pouvoir. » (A. de la Berge, *En Tunisie*).

(2) C'est sous le règne de Mohammed que le maréchal d'Estrées, au nom de la France, conclut, en 1685, avec Tunis, les *Capitulations* qui réglèrent les droits et les privilèges de nos nationaux habitant ce pays.

Hussein ben Ali est supplanté et décapité après 29 ans de règne par *Ali ben Mohamed Tourki* (1735), qui meurt lui-même, en 1756, étranglé par les fils d'Hussein ben Aly.

Mohamed ben Hussein, l'aîné du bey Hussein, lui succède et meurt après avoir régné 3 ans. Son frère *Aly ben Hussein* s'empare du pouvoir au détriment de ses neveux (1759).

Le règne de ce prince fut très heureux ; il ne fut troublé que par une expédition française, qui, en 1770, vint bombarder Porto Farina, Bizerte, Sousse et Monastir, à cause de différends survenus à la suite d'actes de piraterie et de dommages causés au commerce français.

Aly ben Hussein mourut après un règne de 23 ans et eut pour successeur son fils *Hamouda Pacha* qui fit un traité avec le roi de France. Croyant trouver dans la Révolution une occasion favorable, il essaya de rompre le traité qui liait la Régence et le royaume de France. Notre marine mit bientôt fin à cette tentative hostile, et, en 1797, le Directoire reçut une ambassade tunisienne qui retourna à Tunis chargée de présents. Malgré ces témoignages d'amitié, le bey de Tunis n'en envoya pas moins, l'année suivante, à la suite de l'expédition d'Egypte, ses corsaires au secours du sultan ; la paix fut rétablie définitivement au mois d'août 1800. Hamouda Pacha mourut en 1814. Il avait régné 32 ans.

Othman Bey, frère et successeur de Hamouda Pacha fut massacré avec ses enfants au bout de trois mois de règne et le pouvoir passa entre les mains de *Mahmoud Bey*, prince de la branche aînée des Husseinistes.

Mahmoud resta neuf ans sur le trône (1815-1824) ;

fut remplacé par son frère *Hussein Bey II*, qui mourut en 1835. On doit à ces deux princes la suppression des pirates et l'abolition de l'esclavage des chrétiens.

Hussein Bey eut pour successeur son frère *Moustapha ben Mahmoud Bey*, qui ne régna que deux ans (1835-1837).

Ahmed ben Moustapha Bey, son fils, prit les rênes du gouvernement et marcha sur les traces de ses prédécesseurs. Il affranchit les esclaves, émancipa les juifs (1842) et fit un voyage en France (en 1846). Constantinople vit d'un œil malveillant toutes les innovations qu'Ahmed introduisait dans son royaume ; l'attitude énergique de la France lui permit de poursuivre les améliorations qu'il avait entreprises en vue de la civilisation et du progrès (1).

Il mourut en 1855 à l'âge de 49 ans, regretté de tous ses sujets et laissant un trésor considérable. Son cousin *Mohamed ben Hussein Bey* lui succéda et ne régna que quatre ans. Ce fut ce prince qui promulgua une constitution et qui publia la loi organique du royaume tunisien.

Mohammed es Sadok, frère du bey défunt, monta sur le trône en 1859. Prince instruit et intelligent, il promulgua, deux ans après son avènement, une constitution qui ne fut mise en pratique que pendant deux ans. La Tunisie semblait paisible, lorsqu'en 1864 le pays fut agité par une insurrection assez grave pour nécessiter

(1) Le bey arriva à Paris le 23 novembre 1846 ; il logea à l'Elysée, visita tous les monuments et fit distribuer 25,000 francs aux pauvres de la ville. Ahmed Bey permit de dresser une carte de la Régence (carte du Dépôt de la guerre publiée en 1848), et demanda des officiers français pour instruire son armée. C'est également sous son règne que fut élevée la chapelle Saint-Louis de Carthage. (Voir page 13.)

l'intervention des escadres française, anglaise et turque. Le bey sut triompher des meneurs du désordre avec l'aide de Mustapha Kaznadar, son premier ministre, et continua l'œuvre de ses prédécesseurs. Il encouragea les arts et l'industrie, protégea l'agriculture, et, à l'exposition universelle de 1867, les productions de la Régence occupèrent un bon rang parmi les merveilles de tous les peuples.

A la suite de nos désastres de 1870, le général Kéreddine, gendre et successeur de Mustapha, voulut soustraire la Tunisie à l'influence française, et la ramener sous la suzeraineté de la Porte. Par le firman du 23 octobre 1871, le pachalick de Tunis ne fut plus qu'une dépendance de l'empire ottoman dont le gouvernement fut confié au vizir Mohammed es Sadok, et à ses descendants. Le bey ne pouvait, sans l'autorisation du sultan, ni faire la guerre, ni conclure la paix, ni consentir à aucune cession de territoire, et, en cas de guerre, il devait mettre ses troupes à la disposition de la Porte. La France ne voulut pas reconnaître ce firman, et le bey lui-même ne s'y conforma jamais. Bien plus il refusa d'envoyer des secours à la Turquie, lors de la dernière guerre d'Orient, et il destitua Kéreddine, son ministre, qui voulait l'entraîner dans la guerre turco-russe. Nous allons voir comment, d'après les conseils du consul italien Maccio, il voulut opposer à la France les droits de suzeraineté de la Porte, lors de l'entrée des troupes françaises dans la régence de Tunis (1).

(1) Mohammed es Sadok mourut le 27 octobre 1882; son frère Ali Bey, né en 1817, lui succéda. (Voir la fin du chapitre III.)

CHAPITRE III.

EXPÉDITION FRANÇAISE EN TUNISIE (1881-1882).

I. — Causes de l'expédition française en Tunisie. — Composition du corps expéditionnaire. — Plan de campagne. — Commencement des opérations contre les Kroumirs. — Prise du Kef. — Occupation de Tabarca. — Combat de Ben Bechir. — Prise de Bizerte ; les brigades Bréart et Maurand. — Marche sur Tunis. — Traité du Bardo. — Le marabout de Sidi Abdallah. — Combat de Ben Metir. — Occupation de Mateur et de Béja. — Fin des opérations contre les Kroumirs. — Dislocation du corps expéditionnaire. — Ordre du jour du général Forgemol.

II. — Insurrection de Sfax et du sud de la Régence ; bombardement et prise de Sfax. — Occupation de Gabès et de Djerba. — Occupation de Sousse. — Occupation des forts de Tunis. — Marche concentrique sur Kaïrouan. — Entrée des troupes françaises à Kaïrouan. — Marche sur Gafsa et sur Gabès. — Soumission des tribus révoltées. — Rapatriement d'une partie des troupes du corps expéditionnaire. — Corps d'occupation en Tunisie. — Conclusion.

I. — « Nos désastres de 1870 (1) et l'insurrection algérienne de 1871 avaient certainement ébranlé notre autorité dans l'Afrique musulmane..., et l'influence française, qui, depuis 1830, avait régné presque sans partage à la cour de Tunis, avait vu surgir une rivale. A peine relevée par les mains aveugles de la France, l'Italie oubliait ses dix siècles de servitude et d'agenouillement pour rêver grandeurs et conquêtes. Les souvenirs de la gloire romaine obsédaient la jeune

(1) *En Tunisie*, par M. A. de la Berge, Paris, 1881.

puissance et lui montraient dans l'Afrique du Nord une ancienne dépendance naturelle de l'Italie (1). »

Il nous était impossible de laisser s'établir une influence européenne rivale aux portes mêmes de notre colonie de l'Algérie ; « la France ne pouvait voir sans quelque ombrage les tendances qu'avait l'Italie à encourager, par des subventions officielles, les entreprises destinées à diminuer sa force et son prestige (2). »

Les luttes d'influence qui existaient à la cour de Tunis, et dont on a accusé M. Maccio, alors consul d'Italie dans cette ville, d'avoir été le principal instigateur ; les incidents relatifs à la Compagnie des chemins de fer Bone-Guelma (3) et la question de l'Enfida (4), avaient déjà appelé l'attention du gouver-

(1) Mazzini revendiquait la Tunisie quand il écrivait : « La Tunisie, clef de la Méditerranée centrale, rattachée au système sicilien-sarde, appartient visiblement à l'Italie. »

(2) Le Parlement de Rome mettait des fonds considérables à la disposition de la compagnie Rubattino (*Revue politique et littéraire*, juillet 1881).

(3) « La Compagnie Bone-Guelma avait obtenu la concession de la voie de Tunis à Sousse. On contesta la validité de ses titres en faisant valoir ceux d'une Compagnie italienne, créée en 1869, et qui avait fait faillite en 1871, avant même de commencer les travaux. Un traité signé entre le bey et Napoléon III, en 1861, avait accordé à la France l'exploitation des réseaux télégraphiques de la Régence. La compagnie italienne Rubattino prétendit établir un service télégraphique le long de la voie de Tunis à la Goulette. Elle s'opposa également à la construction d'une gare à Radès par la Compagnie Bone-Guelma, bien qu'aucun article de sa concession n'autorisât cette opposition. » (A. de la Berge.)

(4) « L'Enfida est un immense domaine de 150,000 hectares environ, qui commence un peu avant Bou Ficha et s'étend à l'est jusqu'à la mer, à l'ouest jusqu'à la chaîne des montagnes qui limite la plaine, comprenant un territoire des plus fertiles, assez humide en hiver, mais par cela même plus propre à la culture des céréales. Le bey en avait fait don autrefois à son premier ministre Kereddine..... Quand celui-ci quitta le ministère pour se retirer à Constantinople, il voulut, par prudence, réaliser sa fortune immobilière, et vendit ses biens en bloc à la Société marseillaise.

« Les grands tunisiens ne virent pas d'un bon œil une partie du terri-

nement français, lorsque les actes de brigandage commis par les Kroumirs, sur notre frontière de l'Algérie, décidèrent la France à intervenir.

« Depuis de très longues années (1), notre frontière était perpétuellement inquiétée ; nos tribus limitrophes de la Tunisie ne pouvaient jouir d'un seul instant de repos. Violations de territoire par les troupes tunisiennes, par des populations insoumises, incendies de forêts ou contrebande de guerre, refuges donnés à des malfaiteurs, razzias, pillages de navires (2), vols de toute espèce, meurtres, assassinats, tous ces délits et tous ces crimes se multipliaient d'une façon intolérable ; en dix ans, rien que les méfaits qu'on avait pu constater officiellement, de 1870 à 1881, se montaient à 2,379, c'est-à-dire à 250 environ par année. Le gouvernement du bey était absolument impuissant à empêcher ce mal invétéré, même quand il le voulait, ce qui n'arrivait pas toujours, et les réparations, quand nous en obtenions, étaient hors de toute proportion avec les dommages, sans parler des atteintes constamment infligées à notre légitime prestige par l'impunité des coupables, qui, parfois même, profitaient de la connivence des autorités locales... »

toire passer entre des mains européennes ; d'autres nations, qui sentaient là une menace pour leur influence ne cherchaient point naturellement à calmer ces appréhensions. On eut recours à des subtilités du droit musulman, et un israélite, le sieur Lévy, éleva des prétentions sur le domaine. Il réclamait, pour appuyer ses prétentions, le droit de préemption (*cheffâa*), disposition légale qui permet à un propriétaire d'acquérir la terre qui touche la sienne de préférence à tout acheteur. » (R. Cagnat et H. Saladin, *Tour du Monde*, 1881.)

(1) Circulaire du 26 juin 1881, adressée par M. le Ministre des affaires étrangères (B. Saint-Hilaire) aux agents diplomatiques du gouvernement de la République française, sur les affaires de Tunis.

(2) On se rappelle le pillage du navire l'*Auvergne* qui échoua sur les côtes de Tabarca, le 24 janvier 1878.

A la suite des nouvelles déprédations commises par les Kroumirs, le 16 février 1881 le général Ritter avait dû diriger sur la frontière 1 compagnie du 59e et 2 compagnies de zouaves. Le 30 mars de la même année, 400 ou 500 Kroumirs, divisés en trois bandes, envahirent notre territoire, dans le cercle de La Calle. Après une fusillade, qui dura environ deux heures, avec les tribus qui occupent cette partie de notre territoire algérien, les Kroumirs repassèrent la frontière et se représentèrent le lendemain pour recommencer le combat.

Une compagnie du 3e zouaves et une compagnie du 59e régiment d'infanterie, accoururent des camps du Tarf et de Roum el Souk, et forcèrent les Kroumirs à se retirer sur leur territoire; mais nos troupes ne purent franchir la frontière, car elles n'en avaient pas reçu l'ordre. L'ennemi perdit une cinquantaine d'hommes. Le 59e eut 3 morts et 1 blessé; le 3e zouaves eut 6 hommes hors de combat : 1 mort et 5 blessés.

Le général Osmont, commandant le 19e corps d'armée, crut devoir prendre les mesures nécessaires pour garantir notre frontière menacée. Il dirigea sur les camps de Roum el Souk et du Tarf 3 compagnies de zouaves, 2 escadrons de spahis, 1 bataillon de tirailleurs, 1 compagnie du 59e, 2 pelotons de hussards et 1 section d'artillerie. Il donna en même temps des ordres pour faire venir à Souk Ahras les deux compagnies du 34e qui se trouvaient à Guelma.

Cependant l'agitation commençait à fermenter parmi les Kroumirs, et leurs voisins, les Ouchtettas, les Ouled Bou Ghanem et les Ouargha, semblaient disposés à faire cause commune avec eux. Les populations qui composent ces tribus étaient encore excitées par les agents du bey, qui répandaient partout chez elles que l'Angleterre et l'Italie soutenaient la Tunisie, et que les Français étaient « dans l'impossibilité de faire respecter leurs droits et même leur territoire ».

Le gouvernement ne pouvait patienter plus longtemps. La presse et l'opinion publique s'étaient émues. « L'attaque inopinée des Kroumirs (1) vint décider la France encore hésitante, en ne lui permettant plus de tarder à venger le sang de ses soldats (2). »

M. Barthélemy Saint-Hilaire envoya, le 6 avril, à M. Roustan, notre représentant à Tunis, une dépêche dans laquelle il le priait d'annoncer au bey l'entrée prochaine de nos troupes dans la Régence. « C'est en alliés et en auxiliaires du pouvoir souverain du bey que les soldats français poursuivront leur marche; c'est aussi en alliés et en auxiliaires que nous espérons rencontrer les soldats tunisiens, avec le renfort desquels nous voulons châtier définitivement les auteurs de tant de méfaits, ennemis communs de l'autorité du bey et de la nôtre. »

Mohammed es Sadok adressa à M. Roustan une note diplomatique, dans laquelle il protestait contre la violation du territoire tunisien par la France. Il voyait dans cette entrée des troupes françaises sur le sol de la Régence « une atteinte à son droit souverain, aux intérêts que les puissances étrangères avaient confiés à

(1) Combat du 31 mars.

(2) Circulaire de M. B. Saint-Hilaire, en date du 20 juin 1881, sur les affaires de Tunis.

« La France, dit M. G. Valbert, n'éprouvait aucun besoin de reculer ses frontières en Afrique; d'imprudentes provocations l'ont obligée à étendre la main sur la Tunisie. Si elle n'avait pas relevé le gant qu'on lui jetait, si elle avait souffert qu'on doutât de sa force et qu'une influence rivale prévalût à Tunis, c'en était fait de son prestige et de sa sécurité en Algérie, où sa domination eut été sérieusement menacée. » (*Revue des Deux-Mondes*, 1er août 1881.)

ses soins et spécialement aux droits de l'empire *ottoman;* la France devait assumer la responsabilité de tout ce qui pourrait en résulter (1). »

En réponse à la protestation et aux promesses du bey, qui essayait de retarder nos préparatifs en envoyant 3,000 réguliers tunisiens pour châtier les Kroumirs et rétablir l'ordre parmi les tribus révoltées, il fut décidé au conseil des ministres, le 3 avril, que l'on agirait sans retard contre les tribus rebelles.

Les troupes destinées à opérer en Tunisie furent concentrées sur la frontière algérienne, dans le camp de Roum el Souk (cercle de La Calle), et dans celui, plus au sud, de Souk Ahras. Dès le 12 avril, 12,000 hommes, venus soit de France, soit de l'Algérie, s'y trouvaient rassemblés, et, lorsque les opérations commencèrent, le 24 avril, le corps expéditionnaire réuni sur la frontière comprenait 25,000 hommes.

On forma deux colonnes d'expédition, sous le commandement en chef du général de division Forgemol. Le colonel de Polignac fut nommé chef d'état-major.

Ces colonnes étaient composées ainsi qu'il suit :

1° *Colonne de gauche* (général Delebecque).

1re *brigade* (général Vincendon), au camp d'El Aïoun.

7e bataillon de chasseurs à pied (Marseille) (2).
2 bataillons du 40e de ligne (Marseille).
2 bataillons du 96e de ligne (Montélimar).
2 bataillons du 141e de ligne (Avignon).

2e *brigade* (général Galland), au camp de Roum el Souk.

29e bataillon de chasseurs à pied (Castelsarrazin).

(1) Réponse du bey à M. Roustan (1er avril 1881).
(2) Le nom des villes indique la garnison où l'on a pris des troupes pour former le corps expéditionnaire.

2 bataillons du 18e de ligne (Pau).
2 bataillons du 22e de ligne (Lyon).
2 bataillons du 57e de ligne (Bordeaux).

3e *brigade* (général Ritter), au camp d'Oum Theboul.

1 bataillon du 2e zouaves (Oran).
2 bataillons du 3e zouaves (Constantine).
2 bataillons du 1er tirailleurs (Blidah).
1 bataillon du 3e tirailleurs (Constantine).

Troupes divisionnaires.

1 escadron du 4e hussards (Sétif).
1 escadron du 3e spahis (Batna).
2 batteries de montagne de 80 millimètres.
2 batteries de quatre.
2 compagnies du génie.

2e *Colonne de droite* (général Logerot).

Brigade Logerot à Souk Ahras et à Sidi Youssef.

Brigade Logerot.

2 bataillons du 1er zouaves (Alger).
1 bataillon du 4e zouaves (Alger).
2 bataillons du 2e tirailleurs (Mostaganem).
2 bataillons du 83e de ligne (Toulouse).

Brigade de Brem à Sidi Hamici.

27e bataillon de chasseurs à pied (Cette).
2 bataillons du 122e de ligne (Montpellier).
2 bataillons du 142e de ligne (Perpignan).

Brigade Gaume à Sidi Hamici.

3 escadrons du 7e chasseurs à cheval (Rambouillet).
3 escadrons du 11e hussards (Vesoul).
2 escadrons du 3e chasseurs d'Afrique (Constantine).
1 escadron du 3e spahis (Batna).

Troupes divisionnaires.

3 escadrons du 3e chasseurs à cheval (Abbeville).
4 batteries de montagne de 80 millimètres.
1 batterie montée de 80 millimètres.
1 compagnie du génie.

On évaluait à 12,000 le nombre des hommes que les Kroumirs pouvaient mettre sous les armes. Les tribus situées au sud de l'oued Medjerda étaient en état de mettre en ligne à peu près le même nombre de fusils.

Le gouvernement tunisien avait en outre envoyé 3,000 réguliers et 700 cavaliers dans la vallée de l'oued Medjerda, sous les ordres d'Ali Bey, frère de Mohammed es Sadok, sous prétexte de contenir les Kroumirs, mais en réalité pour se joindre aux tribus rebelles au premier signal.

Le plan de campagne adopté par nous avait été très habilement conçu. Il consistait à pénétrer sur le territoire tunisien en trois colonnes mobiles. Celle de droite devait opérer vers le sud par la vallée de l'oued Mellègue, enlever en passant la ville du Kef et s'interposer ainsi entre les tribus révoltées et leurs voisines de l'intérieur. Les deux autres colonnes (général Delebecque) avaient pour mission d'envahir le pays des Kroumirs, de les attaquer dans leurs montagnes et de s'étendre dans tout le pays qui se trouve le long de la côte dans la direction de Tunis, tandis qu'un corps de troupe devait occuper l'île de Tabarca. En résumé, nous devions faire un mouvement enveloppant aux deux ailes et direct au centre.

Le corps destiné à débarquer à Tabarca comprenait :

2 bataillons du 88e de ligne (Auch);
1 bataillon du 143e de ligne (Albi);
1 section d'artillerie de montagne;
1 section du génie.

La concentration des troupes françaises étant achevée (1), le 24 avril au matin le général Logerot quittait le bordj de Sidi Yousef et pénétrait en Tunisie sur le territoire des Charen. Le soir, il campait, sans incident, sur les rives de l'oued Mellègue.

Le 25, au matin, il franchissait à gué cette rivière et entrait dans le défilé de Darrabia, sous la protection des goums et des chasseurs d'Afrique, qui l'éclairaient à quelques kilomètres en avant.

A 10 heures, il campait sur les rives de l'oued Remeuh (affluent de droite de l'oued Mellègue) et à quelques kilomètres du Kef.

Le 26, à 6 heures du matin, la colonne prit la route du Kef. Les goums suivaient les crêtes de gauche, les chasseurs éclairaient la droite. Les tirailleurs, les zouaves et le 83e étaient déployés dans la plaine pen-

(1) En France, on commençait à s'impatienter, et la presse demandait le motif de tous ces retards. On s'expliquera facilement pourquoi nos troupes n'avaient pas franchi la frontière depuis les premiers jours d'avril, lorsqu'on saura que nos soldats allaient s'avancer dans un pays qui n'offrait aucune ressource, et qu'il fallait, avant de se mettre en marche, assurer les vivres du corps expéditionnaire. Ajoutons à cela que nos troupes avaient dû créer des chemins pour faire passer l'artillerie. Le chemin de fer de Tunis à Bone n'arrivait pas encore à Souk Ahras. En quelques jours la voie ferrée était construite de Bone à Duvivier, ainsi qu'un bon chemin mettant en communication ce dernier point avec Souk Ahras. Nous avions ainsi une bonne voie de communication nous permettant de ravitailler l'armée : nous pûmes commencer les opérations.

Du 31 mars au 24 avril, plusieurs incidents nous avaient permis de juger de l'état de surexcitation dans lequel se trouvaient les Kroumirs. Le 13 avril, plusieurs Arabes assassinèrent à coups de couteau un employé de la station de l'Oued Meliz, et le 16, la canonnière l'*Hyène*, s'étant approchée de Tabarca, fut reçue à coups de fusil.

dant que la 3e batterie du 26e d'artillerie s'était établie sûr le sommet d'un des mamelons qui forment à gauche les derniers contreforts montagneux sur lesquels s'appuie le Kef. Les portes de la ville étaient fermées, et de l'éminence où étaient placés nos artilleurs on pouvait apercevoir les soldats tunisiens et les Arabes debout sur les remparts et suivant les mouvements de nos troupes. Le 2e tirailleurs, soutenu par les zouaves, avait pénétré dans un bois d'oliviers, situé à 200 mètres des murailles, et le général Logerot venait d'envoyer le colonel de Coulange pour demander au gouverneur, Si Rechid, de rendre la place (1), lorsqu'un officier tunisien vint, à 11 heures 1/2, annoncer que les portes de la ville étaient ouvertes et que la casbah serait livrée aux troupes françaises (2).

Les généraux Logerot et Gaume entrèrent au Kef et s'occupèrent à faire reposer leurs troupes. Le général Logerot garantit au gouverneur, Si Rechid, qu'il avait mandé auprès de lui, la vie et les biens des habitants, à condition que le général tunisien aurait à répondre de la sécurité de nos convois (3).

La marche du général Logerot en pays encore inexploré, avec de jeunes troupes, fut d'autant plus remarquable que les pluies avaient rendu le terrain d'opérations très glissant pour les hommes et pour les chevaux

(1) Si Rechid fut maintenu à la tête de l'administration indigène, après notre entrée au Kef ; mais s'étant livré à des intrigues contre nous, il fut remplacé le 5 mai et mis en état d'arrestation.

(2) *En Tunisie*, par A. de la Berge, Paris, 1881.

(3) On ne saurait trop féliciter M. Roy, qui était alors notre agent consulaire au Kef, pour la fermeté qu'il montra et l'influence qu'il sut exercer sur les populations du Kef, lorsque nos troupes marchaient sur cette ville ; M. Roy a beaucoup contribué à la conclusion pacifique des négociations ayant trait à la reddition de la ville. Il reçut en récompense la croix de la Légion d'honneur.

et grossi démesurément les nombreux cours d'eau qu'il avait fallu traverser.

Le colonel de Coulange fut chargé d'occuper la ville avec un bataillon du 83ᵉ de ligne, une batterie d'artillerie, deux pelotons de cavalerie et une section du génie. Le reste des troupes campa dans la plaine.

Cependant, le 24 avril au matin, une petite escadre française était en vue de Tabarca. Elle se composait de la *Surveillante* (frégate cuirassée) : du petit croiseur le *Tourville*, de la *Corrèze*, qui portait une grande partie des troupes de débarquement ; du petit aviso le *Corse*, et des trois canonnières l'*Hyène*, le *Chacal*, le *Léopard*, chargées de protéger le débarquement des troupes. A bord de cette escadrille était le corps destiné à occuper Tabarca, dont nous avons parlé plus haut.

Un vent violent rendit impraticable l'abord des plages. Le 25, la mer continua à être mauvaise. Un peu de calme s'étant produit et les lames étant devenues moins fortes, le capitaine de vaisseau Lacombe, commandant de la *Surveillante*, fit tirer quelques volées de coups de canon sur le fort de l'île, qui fut aussitôt abandonné par les Tunisiens et occupé par les 1,300 hommes du colonel Delpech.

Le 26, nos troupes débarquèrent sous la direction du vice-amiral Conrad, qui était arrivé la veille à bord de *La Galissonnière*, et s'emparèrent du fort Djedid. Les Arabes étaient tenus à distance par le feu de la frégate et des canonnières ; ils n'envoyèrent des coups de fusil à nos soldats que lorsqu'ils les virent s'avancer pour occuper le fort. Ceux-ci répondirent en mettant le feu à tous les gourbis situés le long de la côte.

Le 27, le débarquement continua. Nous avions ainsi atteint le premier but de la campagne : les Kroumirs étaient menacés de front et sur leurs flancs ; les brigades du général Delebecque pouvaient commencer leur marche à travers le pays difficile des Kroumirs.

Les trois colonnes du général Delebecque n'avaient pu se mettre en route le 25 avril, à cause d'une pluie torrentielle qui n'avait cessé de tomber et qui avait détrempé les terres. Le mouvement ne commença que le lendemain.

Le 26, avant le jour, la brigade Ritter quitta le camp d'Oum Theboul, traversa la vallée de l'oued Dumac et gravit les pentes du djebel Addeda et du djebel Sekkek.

A 7 heures, elle refoulait, par le feu de son artillerie, les groupes de Kroumirs qui se montraient dans les ravins, et à 8 heures, deux bataillons de zouaves et deux bataillons de tirailleurs bivouaquaient sur les crêtes.

La brigade Vincendon, divisée en deux colonnes, était partie le même jour (26 avril) du camp d'El Aïoun, à 3 heures 1/2 du matin. A 6 heures, elle atteignait le col de Fedj Kala, après une marche des plus pénibles à travers des ravins très difficiles à franchir. La 4e compagnie du 7e bataillon de chasseurs à pied formait l'avant-garde et était suivie de très près du reste du bataillon. Ce n'est qu'en arrivant au col de Fedj Kala que nos troupes eurent à essuyer le feu des Kroumirs embusqués derrière les rochers, les arbres ou les broussailles. Le 7e bataillon eut 2 hommes tués et 7 blessés.

A 3 heures 1/2, les bataillons du 40e et du 141e de ligne enlevèrent les sommets situés à l'extrémité du djebel Sekkek ; ils eurent 8 hommes tués et 7 blessés, dont un officier (1).

La 2e brigade (brigade Galland) s'était mise en marche à 3 heures 1/2 du matin et appuyait le mouvement en avant de la 1re brigade. Les deux bataillons du 22e de ligne quittèrent le camp les premiers et abordèrent directement les pentes du Fedj Kala pour gagner la crête et flanquer ainsi la droite de la colonne. Le reste de la brigade suivit le chemin qui longe le bas de la montagne.

Vers 7 heures 1/2, la tête de la colonne arrivait au col de Fedj Kala et y trouvait une compagnie du 7e chasseurs à pied, chargée par le général Vincendon de garder cette position jusqu'à l'arrivée des troupes du général Galland.

Après avoir fait sa jonction avec la brigade Vincendon, la brigade Galland observe et déblaye le terrain. Le 22e, qui marche sur les hauteurs, est obligé, pour rejoindre le reste de la colonne, de prononcer une vigoureuse offensive contre des groupes de Kroumirs qui l'ont attaqué. Ce n'est qu'à la tombée de la nuit que les Kroumirs cessent de nous envoyer des fusillades et que la brigade Galland occupe la position du Hadjer Mankoura, où elle s'établit au bivouac (2).

Le général Vincendon campe à 3 heures du soir sur le sommet du Kef Charaga, « son fanion est planté sur le haut du rocher qui domine les montagnes et d'où

(1) Un sous-lieutenant de réserve du 10e de ligne, M. Truilhier. Dans cette journée, la colonne Vincendon eut trois morts et une douzaine de blessés (Rapport officiel du général Vincendon).

(2) Rapport officiel du général Galland. — La 2e brigade, dans la journée du 26, eut 2 tués dont 1 officier, le sous-lieutenant Payet, tous deux du 22e, et 9 blessés, dont 7 du 22e et 2 du 29e bataillon de chasseurs à pied.

l'on découvre Tabarca et les vaisseaux français au mouillage » (1).

Quant à la colonne Ritter, elle rentre au camp d'El Aïoun, après avoir fait beaucoup de chemin sans avoir rencontré les Ouled Cedra, et après avoir mis le feu à quelques gourbis. Le général Ritter, frappé d'une congestion cérébrale, avait été évacué sur La Calle dans un état très inquiétant. Cette circonstance malheureuse et les pluies qui ne cessent de tomber pendant les journées des 27, 28, 29 et 30 avril, font ajourner tout mouvement en avant.

Cependant le général Logerot, en se rendant maître du Kef, avait pu empêcher un soulèvement des tribus du Sud, et les cheiks des populations environnantes étaient venus faire leur soumission. Il laissa au Kef le colonel de Coulange avec une bonne garnison et se dirigea, dès le 27 avril, vers l'oued Medjerda, par Nébeur et par la vallée de l'oued Mellègue. Il campa, le 27, à Bahirt el Moor, sur l'oued Mellègue, et le lendemain il s'établit à la station de Souk el Arba. Le général de Brem avait franchi la frontière et s'était porté, par la vallée de l'oued Medjerda, de la station de Ghardinaou à celle de l'oued Meliz. Il se trouvait en communication avec le général Logerot.

Ali Bey était alors à Ben Bechir avec les troupes tunisiennes. Sur la demande du général Logerot, il se rendit le 29, à midi, au camp du général français et lui fit part de ses intentions pacifiques. Il offrit même de lui prêter son concours. Le général Logerot, qui n'ignorait pas qu'Ali Bey n'avait cessé de pousser les tribus rebelles à la résistance, lui demanda seulement

(1) Extrait de l'ordre du jour du général Vincendon à ses troupes (26 avril).

de se retirer avec ses troupes au delà de Béja, dans la direction de Tunis. Ali Bey partit, le 1er, avec ses soldats et alla camper à la station de l'oued Zergua; mais, durant sa marche, il fut abandonné par un certain nombre des siens, qui allèrent se joindre aux Kroumirs.

Pendant que le général de Brem recevait la soumission des principaux cheiks de la tribu des Ouchtettas, le général Logerot envoyait, le 30 au matin, dans la direction de Ben Bechir, une reconnaissance composée de deux bataillons de zouaves, commandée par le colonel Hervé.

Ce dernier partit du camp avec sa colonne mobile, à 5 heures du matin. Il était accompagné du capitaine Heymann, officier du bureau arabe, chargé d'entrer en relations avec les indigènes. Arrivé à la gare de Ben Bechir, le colonel Hervé remarqua, vers 8 heures du matin, une grande agitation dans les douars voisins. Le capitaine Heymann reçut l'ordre de s'avancer pour parlementer avec les habitants. A peine avait-il fait une centaine de pas qu'il fut reçu à coups de fusil. Les intentions hostiles de cette tribu étaient mamanifestes. Le colonel Hervé prit immédiatement ses dispositions de combat.

Quelques instants après, il apercevait un gros rassemblement couronnant les crêtes situées au-dessus du passage conduisant au territoire des Chiaïa. Il informa aussitôt le général Logerot et, continuant son mouvement en avant, il s'établit dans une solide position en attendant l'arrivée des renforts.

Le général Logerot prescrivit au 11e hussards de monter à cheval pour rejoindre les deux bataillons du 2e zouaves et fit en même temps embarquer sur un train, organisé à cet effet, le 2e tirailleurs algériens. Les autres troupes de renfort, qui comprenaient les goums et le 2e escadron du 3e chasseurs d'Afrique, suivirent la voie de terre. Le 11e hussards et le 2e tirailleurs arrivèrent à peu près en même temps à la gare de Ben Bechir, vers 11 heures du matin.

Le colonel Hervé avait pris position à 6 kilomètres environ de la gare. Il avait devant lui à peu près 3,000 indigènes, qui le menaçaient également sur son flanc droit. Le 11e hussards et les goums furent portés rapidement vers la gauche de l'ennemi qui, bientôt débordé sur son flanc gauche, commença à battre en retraite. Il était 11 heures 45 minutes. Le 1er zouaves reçut l'ordre de se porter de nouveau en avant. A la suite d'une vigoureuse offensive, le terrain fut déblayé.

Le 11e hussards et le 2e tirailleurs furent chargés de la poursuite. Le 1er zouaves s'arrêta et cessa le feu. Vers 3 heures, le colonel du 11e hussards donna l'ordre de mettre fin à la poursuite et de revenir vers l'infanterie. Les indigènes exécutèrent alors un retour offensif; mais l'artillerie de montagne, mise en batterie, ne tarda pas à les arrêter, sans qu'il fût nécessaire d'engager le bataillon du 4e zouaves et l'escadron du 3e chasseurs d'Afrique, qui escortaient cette artillerie et qui étaient restés en réserve.

Les troupes purent quitter leurs positions et regagner le camp de Souk el Arba dès 6 heures du soir (1).

(1) Une partie des troupes fut embarquée à Ben Bechir pour rentrer à Souk el Arba, le reste regagna le camp par la voie de terre. Toutes les troupes étaient rentrées à 9 heures. Ce fut à la suite du combat du 30 avril que l'on accusa le général Logerot de tout incendier sur son passage, d'achever les blessés et de tuer les femmes et les enfants. Le

Nos pertes dans cette journée étaient seulement de 3 blessés, dont 2 zouaves et 1 soldat du goum. Nous avions tué environ 150 hommes à l'ennemi, et nos soldats rentraient au camp avec quelques prisonniers, 1500 têtes de bétail, des chevaux, des mulets et des armes (1).

Au commencement de mai, le mouvement du corps expéditionnaire s'était donc prononcé aux deux ailes, tandis que le centre avait avancé lentement. On avait voulu déborder les Kroumirs. Traqués au nord et au sud, ils s'étaient réfugiés en face de notre colonne du centre dans le djebel Abdallah, position formidable où se trouvait la tombe d'un marabout très vénéré en Tunisie et où tous les chrétiens qui s'approcheraient devaient trouver la mort.

En ce moment, deux courants existaient à Tunis dans les esprits; le bey, voyant qu'il n'avait pas réussi à trouver des alliés en Europe, commençait à désirer la paix; le parti religieux voulait prêcher la guerre sainte et soulever les tribus du nord-est et du sud (2).

Telle était la situation en Tunisie lorsqu'on apprit la prise de Bizerte par nos troupes. Le gouvernement français avait résolu de frapper un grand coup. Une brigade indépendante, sous les ordres du général Bréart, avait été chargée d'une mission spéciale. Après

général français n'eut pas de peine à se justifier d'une semblable accusation. Le récit des atrocités, soi-disant commises par le général Logerot, avait été fait sous la pression des agents italiens qui se trouvaient au camp d'Ali Bey.

(1) Rapport officiel du général Logerot.

(2) Un nouvel incident venait de montrer de quel esprit étaient animées vis-à-vis de nous les populations du Mogod. Le brick *Santoni* de Bastia fit naufrage dans la nuit du 27 au 28 mai, entre le cap Serrat et Bizerte. Le navire fut pillé et l'équipage ne put se sauver qu'en se disant de nationalité italienne.

s'être emparée de Bizerte, elle devait marcher directement sur Tunis, tandis que nos autres divisions continueraient leur mouvement en avant et convergeraient vers la position ennemie.

Le 1er mai, à 6 heures du matin, la corvette cuirassée de 1er rang *La Galissonnière*, ayant à son bord le contre-amiral Conrad, la *Surveillante*, l'*Alma*, corvette cuirassée de 2e rang (commandant Miot), et le *Léopard* se présentèrent devant Bizerte. Le gouverneur, beau-frère du bey, fut sommé d'avoir à livrer la ville en deux heures. Après avoir hésité pendant une demi-heure, le gouverneur consentit à ouvrir les portes de la ville à condition qu'on lui délivrerait un écrit constatant qu'il avait cédé à la force et que les troupes françaises respecteraient la vie et les biens des habitants.

A 11 heures, le drapeau français flottait sur la casbah et à 4 heures de l'après-midi nos soldats occupaient les forts de la ville.

Le général Bréart arriva le lendemain. En trois jours on avait débarqué environ 6,000 hommes provenant des 20e, 38e et 92e de ligne, du 30e bataillon de chasseurs à pied et du 1er hussards. On y avait joint des batteries des 1er, 9e, 12e, 13e et 23e régiments d'artillerie, une compagnie du 1er régiment du génie, une compagnie du train, une ambulance, une direction du service administratif, de la gendarmerie, des employés des postes et télégraphes, etc.

A la nouvelle de l'occupation de Bizerte, le bey voulut proclamer la guerre sainte ; mais, cédant aux conseils de son entourage, il adressa à M. Roustan une nouvelle protestation contre l'entrée des troupes françaises sur le territoire de la Régence. Le général Bréart savait à quoi s'en tenir sur ces protestations. Il se mit en mesure de poursuivre le but de sa mission et marcha sur Tunis.

Une autre colonne, la brigade Maurand, venait d'être formée à côté de celle du général Bréart et avait pour objectif la ville de Mateur ; elle devait coopérer à l'attaque générale qui allait avoir lieu contre les Kroumirs et se porter sur Djedeïda, afin de suivre les événements qui devaient avoir lieu à Tunis. Le 8, au matin, la colonne Bréart se mit en marche et prit la direction de Tunis, par Fondouk.

Dans la soirée, le général Bréart vint camper à 25 kilomètres de Bizerte, à Bahirt Gourmata. Une pluie torrentielle n'avait cessé de tomber et la marche s'était effectuée à travers des terrains très difficiles. Le 9, il s'établit à Fondouk et le 10 il arriva, dans la matinée, à Djedeïda et y installa son camp. Le 12 mai, il quitta Djedeïda et se dirigea vers le Bardo. La veille au soir, sa colonne avait été renforcée par le 92e de ligne et une batterie d'artillerie.

A 11 heures du matin (12 mai), le général Bréart établissait son camp près de la Manouba. Des masses de curieux assistaient à l'arrivée des troupes, la musique jouait le *Chant du Départ*.

Le général fit prévenir M. Roustan qu'il était à sa disposition.

En apprenant l'arrivée du général Bréart à la Manouba, le bey écrivit à M. Roustan pour protester contre la présence de nos troupes près de sa résidence et en même temps pour l'informer qu'il accorderait au général Bréart l'entrevue qu'il demandait.

M. Roustan se rendit de suite à la Manouba et annonça au général Bréart que le bey le recevrait le même jour, à 4 heures. A la suite de la visite de M. Roustan, le général Bréart monta aussitôt à cheval ainsi que son état-major. Malgré une pluie battante, il se rendit au palais du bey, escorté par deux escadrons de cavalerie. Il mit pied à terre devant la porte de la grille du palais. La cavalerie qui formait son escorte resta rangée devant la grille, et les honneurs lui furent rendus par un peloton de soldats tunisiens qui formaient la haie.

M. Roustan présenta le général Bréart au bey, qui était accompagné de Mustapha, son premier ministre. Le général français, après avoir exprimé à Mohammed es Sadok les assurances contenues dans un télégramme spécial, reçu la veille du ministre de la guerre, lui donna lecture du texte du traité.

Le bey demanda à consulter son conseil, ce que le général lui accorda, en refusant toutefois de prolonger le délai jusqu'au lendemain.

Après deux heures d'attente, le général Bréart fut reçu de nouveau par le bey, qui, après avoir déclaré qu'il acceptait les conditions de la France, apposa sa signature au bas du traité suivant :

Article 1er. — Les traités de paix, d'amitié et de commerce et toutes autres conventions existant actuellement entre la République française et S. A. le bey de Tunis sont expressément confirmés et renouvelés.

Art. 2. — En vue de faciliter au gouvernement de la République française l'accomplissement des mesures qu'il doit prendre pour atteindre le but que se proposent les hautes parties contractantes, S. A. le bey de Tunis consent à ce que l'autorité militaire française fasse occuper les points qu'elle jugera nécessaires pour assurer le rétablissement de l'ordre et la sécurité de la frontière et du littoral. Cette occupation cessera lorsque les autorités militaires française et tunisienne auront reconnu, d'un commun accord, que l'administration locale est en état de garantir le maintien de l'ordre.

Art. 3. — Le gouvernement de la République française prend l'engagement de prêter un constant appui à S. A. le bey de Tunis contre tout danger qui menacerait la personne ou la dynastie de Son Altesse, ou qui compromettrait la tranquillité de ses Etats.

Art. 4. — Le gouvernement de la République française se porte garant de l'exécution des traités actuellement existant entre le gouvernement de la Régence et les diverses puissances européennes.

Art. 5. — Le gouvernement de la République française sera représenté auprès de S. A. le bey de Tunis par un ministre résident, qui veillera à l'exécution du présent acte et qui sera l'intermédiaire des rapports du gouvernement français avec les autorités tunisiennes pour toutes les affaires communes aux deux pays.

Art. 6. — Les agents diplomatiques et consulaires de la France en pays étrangers seront chargés de la protection des intérêts tunisiens et des nationaux de la Régence. En retour, S. A. le bey s'engage à ne conclure aucun acte ayant un caractère international sans en avoir donné connaissance au gouvernement de la République française et sans s'être entendu préalablement avec lui.

Art. 7. — Le gouvernement de la République française et le gouvernement de S. A. le bey de Tunis se réservent de fixer, d'un commun accord, les bases d'une organisation financière de la Régence qui soit de nature à assurer le service de la dette publique et à garantir les droits des créanciers de la Tunisie.

Art. 8. — Une contribution de guerre sera imposée aux tribus insoumises de la frontière et du littoral, une convention ultérieure en déterminera le chiffre et le mode de recouvrement, dont le gouvernement de S. A. le bey se porte responsable.

Art. 9. — Afin de protéger contre la contrebande des armes et des munitions de guerre les possessions algériennes de la République française, le gouvernement de S. A. le bey de Tunis s'engage à prohiber toute introduction d'armes ou de munitions de guerre par l'île de Djerba, le port de Gabès ou les autres ports du sud de la Tunisie.

Art. 10. — Le présent traité sera soumis à la ratification du gouvernement de la République française, et l'instrument de ratification sera remis à S. A. le bey de Tunis dans le plus bref délai possible.

Le 12 mai 1881.

Sur la demande du bey, nos troupes n'entrèrent pas à Tunis.

Le dimanche 15 mai, le général Bréart reçut, à 10 heures du matin, la colonie française au palais du consulat, et il passa, à 4 heures du soir, aux troupes cantonnées à la Manouba, une revue à laquelle assista une troupe nombreuse de curieux venus de Tunis.

Le lendemain, 19 mai, les troupes quittèrent la Manouba.

La brigade Bréart se dirigea du côté de Djedeïda. La brigade Maurand, composée d'un bataillon du 38e de ligne, du 30e bataillon de chasseurs à pied, d'un escadron du 1er hussards et d'une batterie d'artillerie, était partie le 16 et avait pris la direction de Mateur (1).

Revenons maintenant aux brigades Vincendon, Galland et Ritter, qui ont franchi la frontière en même temps que le général Logerot.

Le 27 avril, la brigade Vincendon campait sur le sommet du Kef Cheraga ; la colonne Galland était établie un peu en arrière et à gauche sur le plateau de Reched Mankoura. La brigade Ritter était rentrée au camp d'El Aïoun et le général Cailliot en avait pris le commandement. Le mauvais temps, qui avait continué pendant la journée du 28, avait empêché nos troupes de se porter en avant. Le 29, une éclaircie s'étant produite, les 141e et 96e allèrent explorer les crêtes qui séparent l'oued Djenam de l'oued El Kebir. A peine étaient-elles arrivées au sommet qu'elles reçurent une vive décharge ; nos troupes ripostèrent et les Kroumirs furent facilement délogés de leur position. Un sergent du 96e avait été tué.

Le même jour, le général Galland avait envoyé une reconnaissance dans la direction de Babouchou.

Le 30, une nouvelle reconnaissance (une compagnie du 40e de ligne) délogea les Kroumirs et leur tua 4 hommes.

Le 1er mai, la brigade Cailliot passa la frontière (2) et reçut l'ordre d'aller occuper le col de Fedj Kala et de se tenir en communication avec les généraux Vincendon et Galland, qui eux-mêmes devaient se porter dans la direction de Fernana.

(1) Cette brigade était partie de Bizerte le 8 mai, était descendue vers le sud-ouest dans la direction de Mateur et avait rejoint le général Bréart à la Manouba.

(2) Elle fut remplacée par les troupes venues de La Calle.

En même temps, la brigade Logerot devait être remplacée à Souk el Arba par celle du général de Brem et se porter à Fernana, dans la direction du nord. On voulait ainsi cerner les Kroumirs, que l'on savait concentrés sur la position du djebel Abdallah.

Le 4 mai, les généraux Cailliot, Vincendon et Galland avaient achevé leur mouvement et campaient au pied du djebel Abdallah.

Le général Logerot se trouvait le 6, au soir, à Si Salah; le général en chef, le général Forgemol, s'y rendit également, afin d'arrêter avec le général Logerot les mesures à prendre pour cerner les Kroumirs.

Le 8, au matin, douze bataillons, sans sacs, divisés en trois groupes de quatre bataillons chacun, partaient en reconnaissance avec l'artillerie et des spahis, sous le commandement du général Delebecque, dans la direction du marabout de Sidi Abdallah ben Djemel (1).

Nos troupes occupèrent sans combat cette position, où les Kroumirs s'étaient massés. Devant l'habileté avec laquelle nos mouvements avaient été combinés, et se voyant sur le point d'être enveloppés de toutes parts, ils s'étaient retirés avant l'arrivée de nos soldats.

Tandis que le général Delebecque arrivait sur le sommet où est bâti le marabout de Sidi Abdallah (2), le général Logerot, avec quatre bataillons, s'était porté à 8 kilomètres en avant de Fernana, dans la direction de Ben Metir.

(1) Dans la soirée du 7, l'ordre avait été donné de prendre quatre bataillons, équipés à la légère dans chaque brigade pour tenter une opération contre le djebel Abdallah.

(2) Le général Delebecque donna l'ordre de respecter ce marabout, qui était en grande vénération dans toute la contrée.

Les journées du 9 et du 10 furent également consacrées à des reconnaissances qui délogèrent plusieurs fois les Kroumirs embusqués dans les ravins et les bois, et les refoulèrent dans la direction d'Aïn Draham (1).

Le 11, la colonne Delebecque continua son mouvement, malgré une pluie torrentielle, et se rapprocha d'Aïn Draham, qui était aussi l'objectif du général Logerot. Dans cette journée, nos hommes incendièrent plusieurs gourbis et le génie démolit le marabout de Sidi Abdallah. On avait aussi trouvé plusieurs cadavres de Kroumirs dans les bois.

Le général Logerot avait quitté Fernana le même jour, à 5 heures du matin et était arrivé à El Fedj, laissant au camp, sous le commandement du général Gaume, le 11e hussards, le 7e chasseurs à cheval, trois compagnies du 83e et une section d'ambulance. Vers 8 heures 40 minutes, tandis que son nouveau camp s'installait sous la protection des goums qui avaient été envoyés en reconnaissance dans la direction de Ben Metir, une vive fusillade accueillit ces derniers au moment où ils s'engageaient dans la gorge de Kranguet el Hammam.

« Quelques chasseurs d'Afrique mirent aussitôt pied à terre et ripostèrent. Les Kroumirs, embusqués dans ce terrain boisé et difficile, tenaient solidement. Une fusillade nourrie s'engagea de part et d'autre.

« A 11 heures 1/2, tous les chasseurs d'Afrique disponibles étaient en ligne.

(1) Dans la journée du 10 mai, deux soldats du train et un brigadier qui s'étaient éloignés à environ trois kilomètres du camp furent surpris et tués par les Kroumirs. On retrouva leurs restes mutilés et on les enterra au col de Fedj Manna.

« L'ordre fut alors donné à 120 goumiers à pied, sous les ordres du capitaine Heymann, de se porter sur la droite pour tourner la position ennemie et la lui faire abandonner. En même temps, deux batteries de montagne de 80, qui étaient en position sur l'emplacement de leur camp, ouvraient le feu à 3,000 mètres.

« Les Kroumirs furent refoulés, laissant derrière eux quelques morts qu'ils n'avaient pu enlever.

« Ce résultat n'avait pas été obtenu par nous sans nous faire éprouver quelques pertes. Trois goumiers, dont un cheik, étaient tués, un quatrième avait disparu. Un lieutenant de chasseurs d'Afrique était blessé, un chasseur tué et un autre blessé.

« Vers 2 heures, les munitions commençaient à faire défaut à la cavalerie.

« Trois compagnies du 1er régiment de zouaves, sous les ordres du chef de bataillon Mercier, reçurent l'ordre de se porter en avant pour la renforcer.

« Arrivée sur la ligne des chasseurs d'Afrique, la 3e compagnie du 3e bataillon (capitaine Kœnig) prit sa formation de combat et couronna une première crête. La fusillade, qui avait diminué d'intensité, recommença aussitôt. La 4e compagnie du même bataillon (capitaine de Franclieu) vint soutenir la 3e, et toutes deux se portèrent en avant. Elles se trouvèrent bientôt devant une ligne de rochers d'où partaient des feux nourris. Les indigènes, embusqués derrière des abris en pierres, dirigèrent sur les zouaves un feu de salve qui tua un homme. On apercevait au milieu d'eux un personnage dont le costume sombre se distinguait parmi leurs burnous blancs.

« Devant la résistance des Kroumirs, le capitaine

commandant la 3e compagnie fit sonner la charge et enleva à la baïonnette la ligne de rochers, d'où s'enfuirent environ 150 indigènes.

« Pendant ce temps, quelques groupes ennemis descendaient la montagne et venaient menacer notre flanc droit. Le feu d'une batterie du camp fut immédiatement dirigé sur eux à environ 2,500 mètres, deux sections de zouaves firent face à droite et leur mouvement fut arrêté. L'artillerie les poursuivit de son feu jusqu'à 3,200 mètres.

« Quand l'ennemi eut disparu, les troupes qui s'étaient portées en avant pour le combattre revinrent au camp. Elles y étaient de retour à 4 heures.

« Dans cette journée, la colonne eut 10 hommes hors de combat : 5 tués, dont un cheik ; 4 blessés, dont un officier ; 1 disparu, dont le corps a été retrouvé le 13 (1). »

Le 14 mai, toutes les troupes, moins les brigades Gaume et Galland qui demeurèrent au camp de Fernana et d'Aïn Draham, se mirent en marche sur Ben Metir.

Le pays que nos troupes avaient à traverser « est un des plus sauvages et des plus pittoresques de la région. Les crêtes sont dénudées, mais les pentes et les ravins sont couverts de chênes séculaires de toute beauté, de grandes fougères magnifiques et coupées au loin par des champs d'orge et de blé dont les tiges sont d'une hauteur et d'une vigueur extraordinaires » (2).

Les brigades Cailliot et Vincendon partirent à 5 heures du matin et n'eurent à surmonter que les obstacles ré-

(1) Rapport officiel du général Logerot.
(2) *En Tunisie*, par A. de la Berge, Paris, 1881.

sultant de la nature du terrain. La première traversa le défilé d'El Meridj, en y laissant 19 mulets; la seconde dut s'arrêter à mi-chemin. La brigade Logerot partit du camp d'El Fedj à 5 heures du matin et marcha sur trois colonnes.

La première colonne, sous les ordres du chef de bataillon du 4e régiment de zouaves, était composée d'un bataillon détaché de ce régiment ; elle suivit le chemin des crêtes, longeant à l'ouest la gorge de Kranguet el Hammam, sur la rive droite de l'oued El Lil.

La deuxième colonne, commandée par le colonel du 2e tirailleurs algériens (colonel O'Neill), comprenait les deux bataillons détachés de ce régiment, une batterie de montagne, une section du génie et une section d'ambulance. Elle se porta en avant, marchant à mi-flanc du versant ouest du djebel Salah, sur la rive gauche de l'oued.

La troisième colonne, sous les ordres du colonel Hervé (1er zouaves), était formée de deux bataillons de ce régiment, de deux batteries de montagne, d'une section du génie et du reste de l'ambulance. Elle se tint un peu en arrière des deux autres et suivit la route de Ben Metir, qui longe la rive droite de l'oued El Lil. Le général Logerot marchait avec cette colonne.

A 1 heure de l'après-midi, les goums de la brigade Cailliot débouchaient dans la plaine de Ben Metir, où ils rencontraient le général Logerot, qui les avait précédés de quelques minutes. Un moment après arrivait le général Delebecque. C'est là que les généraux eurent connaissance des événements de Tunis et de la signature du traité.

Les généraux étaient en train de conférer lorsqu'on

apprit que le colonel O'Neill (2e colonne Logerot), qui n'était pas encore arrivé, venait d'avoir son arrière-garde attaquée par des groupes assez nombreux, qui, pressés par la division Delebecque, étaient venus chercher un refuge dans les riches douars des Ouled Tadmaka, considérant cette région comme inexpugnable.

Craignant que les forces dont il disposait fussent insuffisantes, le colonel O'Neill avait demandé du renfort au général Logerot.

Le bataillon du 4e zouaves reçut l'ordre de rejoindre la deuxième colonne et de camper avec elle à gauche de l'oued El Lil, qui commande l'entrée du défilé. Mais le colonel du 2e tirailleurs, qui contenait l'ennemi par une fusillade nourrie depuis près de trois heures, ne voyant pas arriver le renfort demandé, prit ses dispositions pour continuer sa marche sur Ben Metir. Il prononça une vigoureuse attaque sur le front et sur le flanc gauche de l'ennemi et le refoula dans les bois. Il recommença alors son mouvement par échelons.

A 4 heures, le colonel O'Neill recevait la dépêche du général Logerot, qui lui ordonnait de camper sur le mamelon de la rive gauche de l'oued El Lil, commandant la plaine de Ben Metir. A la même heure, le 4e zouaves arrivait. La colonne campa à l'endroit indiqué sans être inquiétée (1).

Les 16, 17, 18 et 19 mai furent consacrés à des reconnaissances ayant pour but d'explorer les vallées et les défilés voisins. Ces reconnaissances furent égale-

(1) Rapport officiel du général Logerot. Nous perdîmes dans cette journée 1 soldat indigène, et nous eûmes 7 blessés, dont 1 sergent, 1 caporal, 2 soldats français et 3 soldats indigènes. Il a été impossible d'établir les pertes de l'ennemi.

ment chargées d'opérer le dénombrement des tribus ayant obtenu l'aman et leur faire payer la contribution de guerre.

En même temps, la brigade Cailliot complétait les travaux de route qui assuraient ses communications avec Aïn Draham. La brigade Galland avait fait des travaux semblables entre Aïn Draham et Sidi Youssef pour aider la marche du convoi de ravitaillement.

Le 16, un de nos cheiks avait été blessé dans un court engagement, et le 17, le général Logerot avait regagné Fernana après avoir fait une razzia de 800 bœufs.

Le général Forgemol donna l'ordre aux généraux Logerot et Maurand d'aller par Béja et Mateur couper la retraite aux Mekna et aux tribus du Mogod, qui n'avaient pas encore fait leur soumission.

La brigade Cailliot devait remonter vers le nord-est, pour acculer l'ennemi entre la mer et les montagnes.

Le 17, le général Maurand, qui allait à la rencontre d'une colonne envoyée de Bizerte, fut attaqué par les Mogodys au moment où son avant-garde débouchait à peine du gué de l'oued Chaïr. Il fit déployer successivement trois compagnies du 30e bataillon de chasseurs à pied et mit en batterie 6 pièces de montagne pour protéger le passage du reste de la colonne. Arrivé sur les crêtes de la rive gauche, et le convoi étant massé sous la protection de la compagnie du génie, et de quatre compagnies des 20e et 38e de ligne, le général Maurand, laissant sur sa gauche Mateur qu'il dominait à 3 kilomètres, se porta au-devant de la colonne venant de Bizerte, afin de se réunir à elle. La jonction eut lieu sur l'oued Joumine, à 3 kilomètres de Mateur.

Le général Maurand marcha alors sur cette ville.

Le 30e chasseurs et le 38e de ligne prirent pour objectif le djebel Mellela, qui domine Mateur ; le 20e de ligne, le 9e chasseurs à cheval et l'artillerie se dirigèrent vers le pont de la ville.

Nos soldats allaient entrer dans le bordj de Mateur quand les habitants ouvrirent les portes de la place (1).

Le 19 mai et les jours suivants furent occupés à soumettre les Mekna. Les troupes de la division Delebecque les poursuivent en s'ouvrant partout passage la pioche à la main.

Le 20 mai, à 5 heures du matin, les troupes du général Logerot entraient à Béja. Les goums et trois escadrons du 3e chasseurs d'Afrique marchaient en tête. A 6 heures, le général Logerot faisait son entrée avec son état-major et deux bataillons du 4e zouaves. Une compagnie occupa aussitôt la casbah. Le reste de la colonne campa autour de Mateur (2).

La brigade Cailliot était le 19 mai à El Guemaïr ; le général Vincendon était installé à 6 kilomètres à l'ouest, à Feld bir Achara.

Nos troupes étaient alors fractionnées en deux corps distincts : d'abord le corps de l'est, formé des trois brigades Bréart, Maurand et Logerot et de la brigade de cavalerie Gaume. Ce corps devait opérer de l'est à l'ouest, ayant pour base Béja et Mateur et pour premiers adversaires les tribus du Mogod, qui avaient reçu chez elles les Kroumirs ; ensuite le corps du sud,

(1) Le général Maurand évalue les forces de l'ennemi à 2,500 hommes, dont 50 auraient été mis hors de combat. Nous eûmes 4 hommes blessés légèrement. — Le 17 au matin, il campait dans les environs de Mateur.

(2) Le général Logerot fit démolir une partie des remparts de la ville.

formé des brigades Galland, Vincendon et Cailliot, qui devait continuer son mouvement du sud au nord contre les Kroumirs (1).

On pouvait voir du camp de la brigade Cailliot, les Mekna se masquant derrière les arbres et les rochers. Le sous-lieutenant Lamy, envoyé en reconnaissance, reçut plusieurs coups de feu et un des tirailleurs qui l'accompagnaient fut tué. Mais on se porta immédiatement au secours de cet officier. A la suite de la lutte qui s'engagea de très près, nous eûmes encore deux hommes tués et un blessé grièvement. Les Mekna perdirent beaucoup de monde.

A la suite de cette journée, on résolut de cerner les partis encore rebelles.

Le général Logerot partit de Béja, remonta l'oued Zouarha pour garder les défilés du djebel Chaada, tandis que la brigade Vincendon, renforcée des bataillons du 87e, suivait le littoral. Les généraux Galland et Cailliot devaient marcher vers le nord et jeter les Mekna à la mer. Seule, la brigade Vincendon rencontra l'ennemi. Le 88e, vivement aux prises avec celui-ci, fut dégagé par la brillante charge d'un peloton du 4e hussards (2).

Les Mekna firent des pertes assez sérieuses; nous eûmes 2 tués et 4 blessés (3).

Des groupes de Mekna commencèrent, le 26 mai, à venir demander l'aman au général Cailliot; leur soumission ne fut complète que le 1er juin.

(1) Le corps du colonel Delpech opérait dans les environs de Tabarca.

(2) Le sous-lieutenant Aubert commandait ce peloton.

(3) La veille, une reconnaissance dirigée par le capitaine de Villebois (brigade Vincendon) avait eu trois blessés près de l'oued El Abiad.

Le 31 mai, la soumission des Nefza et des autres tribus voisines était complète; les renseignements pris chez les indigènes, annonçaient que le Mogod allait bientôt rentrer entièrement dans le devoir. Les généraux Maurand et Bréart avaient déjà reçu la soumission d'un certain nombre de cheiks de ce pays.

A partir du 1er juin, il n'y eut plus d'incident notable; tout se réduisit à des marches ayant pour but de compléter la pacification. Nos troupes traversèrent le pays dans toutes les directions sans rencontrer d'obstacles.

Le 16 juin, le général Forgemol télégraphiait au ministre de la guerre que la dislocation du corps expéditionnaire, commencée le 10 juin, était très avancée, et il adressait aux troupes l'ordre ci-après :

« Officiers, sous-officiers et soldats du corps expé-
« ditionnaire de Tunisie, nous sommes arrivés au
« terme de nos plus difficiles opérations ; au moment
« où les corps et les brigades vont se séparer, je tiens
« à vous féliciter de l'esprit de discipline qui vous a
« toujours animés, du dévouement et de l'entrain que
« vous avez montrés au milieu des plus dures fatigues
« et de l'énergie avec laquelle vous avez, en toutes
« circonstances, abordé l'ennemi sous la conduite de
« chefs dont je ne saurais trop reconnaître l'habileté
« et la constante sollicitude.

« Vous avez rivalisé d'ardeur et répondu au cha-
« leureux et patriotique appel que le ministre de la
« guerre vous adressait au début de l'expédition. —
« Partez donc avec la satisfaction d'avoir noblement
« accompli votre tâche et avec la conviction d'avoir
« soutenu vaillamment l'honneur des jeunes dra-

« peaux que vous avez reçus du gouvernement de la « République (1). »

Après le rapatriement des troupes il ne restait plus en Tunisie, vers le 25 juin, que 6,000 hommes, répartis dans les villes du Kef, Tabarca, Bizerte et à la Manouba (2), à Fernana, à Aïn Draham et à Ghardimaou.

(1) Le 18 juin, le général Forgemol se rendit à Tunis avec une partie de son état-major. Le 19, il fit, avant de quitter cette ville, une visite au bey Mohammed es Sadok.

(2) Le général Maurand fut nommé commandant des troupes stationnées à La Manouba. Le 3 juillet, son chef d'état-major, le capitaine Mattéi, fut assassiné par un Maltais resté inconnu. Les honneurs funèbres furent rendus à cet officier par le 27e bataillon de chasseurs à pied.

II.

A peine les troupes françaises avaient-elles quitté la Régence, que l'on apprenait à Tunis qu'une grande effervescence régnait parmi les populations de la ville sainte de Kaïrouan fanatisée par les ulémas qui y prêchaient la guerre sainte.

Des émissaires venant de Tripoli répandaient partout le bruit que le bey Mohammed es Sadok nous avait vendu la Tunisie et que le sultan allait envoyer 15,000 hommes pour chasser les Français.

Le 27 juin, les dissidents avaient scié les poteaux télégraphiques entre Gabès et Sfax, et, dans les premiers jours de juillet, l'agitation était extrême dans toutes les villes du littoral. Des troubles assez sérieux avaient éclaté à Sfax ; des coups de fusil furent tirés et plusieurs étrangers furent blessés. La présence de la canonnière française le *Chacal* empêcha de plus grands désastres.

Les khalifats des villages de la côte recommandaient aux Européens de ne plus venir y traiter d'affaires parce qu'ils ne sauraient répondre de leur vie. Des symptômes de troubles prochains se manifestaient également dans les tribus de l'intérieur et faisaient pressentir l'approche de graves événements.

Au conseil des Ministres, il fut décidé, le 2 juillet, que des troupes françaises iraient à Sfax, conjointement avec des troupes tunisiennes, afin de rétablir l'ordre dans cette ville.

Le général Logerot, récemment promu au grade de général de division, fut nommé au commandement des deux brigades stationnées en Tunisie, et arriva le 12 juillet à Tunis.

Le bey, à la requête de M. Roustan, envoya 1000 hommes de troupes tunisiennes à Sfax, mais bientôt ces troupes inutiles furent ramenées à Tunis.

L'escadre française, commandée par le vice-amiral Garnault, et composée des cuirassés la *Sarthe*, le *Desaix*, l'*Intrépide*, du vaisseau la *Reine-Blanche*, du *Marengo*, du *Friedland*, de l'*Alma*, du *Colbert*, du *Trident* et de la *Revanche*, se présenta, le 13, devant Sfax et commença dès le lendemain le bombardement de cette ville. Les troupes à débarquer étaient constituées par 6 bataillons, aux ordres du colonel Jamais.

« Le 16, au matin, entre 2 heures 30 minutes et 3 heures, les diverses actions qui devaient nous rendre maîtres de Sfax commencèrent.

« L'escadre bombardait la ville tandis que le débarquement s'effectuait.

« En outre des défenses permanentes de la place, les Arabes avaient constitué avec des tranchées et des amas d'alfa des avancées bien armées qu'il fallait battre. Ces tranchées furent fouillées par les projectiles des embarcations qui incendièrent les amas d'alfa. Le vent d'est rabattait la fumée sur la ville et les tranchées durent être évacuées par les défenseurs. En même temps, les embarcations et les canonnières, par leur tir, gênaient l'arrivée des Arabes du dehors.

« A un signal donné, les embarcations qui étaient massées non loin de terre et qui subissaient le feu de l'ennemi, heureusement mal dirigé, précipitèrent leur mouvement et le débarquement s'opéra, chaque débarquement étant aussitôt engagé.

« Le bombardement des jours précédents et de la matinée avait éloigné beaucoup les Arabes, mais n'avait pas donné de brèche praticable. C'est alors que les pièces de 65mm et les torpilles portées rendirent de grands services en permettant d'abattre les portes, qui donnèrent accès dans la ville à droite et à gauche.

« Une fois entrée, la colonne d'attaque s'avança sous le feu en occupant les maisons l'une après l'autre (1). »

A 7 heures 1/2, un bataillon de la division du Levant (commandant Miot) se rendait maître de la casbah après avoir fait sauter deux portes intérieures ; à 9 heures 1/2, le 93e de ligne (commandant Ferré) arborait le drapeau français sur le fort nord-ouest et se rendait maître d'une partie de la ville, qui fut occupée entièrement dans l'après-midi.

Dans cette journée, nous eûmes 12 hommes tués et une cinquantaine de blessés dont plusieurs grièvement. On prétend que les insurgés eurent 400 à 500 morts.

Le 23 juillet, au soir, l'escadre d'évolution quitta Sfax avec le *La Galissonnière*, la *Reine-Blanche*, le *Voltigeur* et les canonnières l'*Hyène*, le *Léopard*, le *Gladiateur* et le *Chacal*.

Arrivés devant Gabès au point du jour, tous ces bâtiments se trouvèrent mouillés à 5 heures du matin aux postes qui leur avaient été assignés.

Vers 6 heures du matin, le corps de débarquement prenait terre, non sans quelques difficultés dues à la nature de la plage.

(1) Rapport du vice-amiral Garnault au Ministre de la marine.

Les Arabes avaient profité d'un bois très épais, situé sur la rive gauche de la rivière, pour y placer deux canons. Ces canons, aperçus dès le début par le *Léopard*, servirent de but au tir de cette canonnière, et les Arabes les ayant abandonnés, le commandant du vaisseau les envoya prendre.

Les compagnies de débarquement descendirent à terre sans être inquiétées et se portèrent vers le village de Menzel, sous le commandement du capitaine de vaisseau Marcq de Saint-Hilaire.

A 10 heures, nous étions maîtres du fort qui domine Menzel et le faubourg de Djara, après avoir rencontré une résistance sérieuse de la part des indigènes. Nos pertes furent relativement légères : nous eûmes 7 blessés, dont 2 très grièvement.

L'*Algésiras* arrivé, le 26 au matin, à Gabès, portait trois bataillons d'infanterie et une batterie d'artillerie. Dès que ces troupes furent débarquées, l'escadre appareilla et fit route vers La Goulette en touchant à Mahedia, Monastir et Sousse, en laissant devant Gabès les navires de la division du Levant et les canonnières.

Deux jours après, le 28, le contre-amiral Conrad faisait occuper le fort de Hount Souk, dans l'île Djerba, par une partie des troupes du colonel Jamais.

Cependant le centre de la Tunisie était infesté par des bandes nombreuses de tribus révoltées qui se réunissaient, demandant le mot d'ordre aux sectes religieuses de la Tripolitaine. Ali ben Khalifa s'était mis à la tête de l'insurrection.

Une de ces bandes, venue de Kaïrouan et appartenant à la tribu des Zlass, se présenta, le 18 juillet, à 10 kilomètres de Tunis et pilla, presque sous les yeux de nos troupes, le domaine dit Enchir si Chakir.

Le gouvernement français décida d'envoyer de nouvelles troupes au général Logerot.

Le général Saussier se rendit à Tunis où il s'occupa activement de la réorganisation des forces indigènes de la Régence. Dès le 21 août, une colonne tunisienne, composée de 1000 fantassins, de 600 cavaliers et d'une batterie d'artillerie, quittait le Bardo, sous les ordres d'Ali Bey et se dirigeait vers Medjez el Bab. En même temps le général Sabattier était envoyé à Zaghouan, tandis que le lieutenant-colonel Corréard marchait sur Hammamet.

Le 26 août, au point du jour, la colonne Corréard fut attaquée, au moment où elle quittait son camp d'Erbaïn, par des contingents à cheval estimés à 12,000 ou 15,000 hommes.

Après une lutte qui dura environ trois heures, nos troupes forcèrent les dissidents à se retirer. Nous eûmes un tué et trois soldats légèrement blessés. Les Arabes comptèrent, de leur côté, une soixantaine de morts et une centaine de blessés.

Dans la nuit du 28, le camp fut de nouveau attaqué par 6,000 à 7,000 cavaliers. Le lieutenant-colonel Corréard leur infligea des pertes considérables. Nous eûmes 6 tués dont un officier et 16 blessés. Mais après le combat, le lieutenant-colonel se vit obligé de battre en retraite jusqu'à Hammam Lif pour s'y ravitailler et compléter ses munitions.

Cet échec fut heureusement compensé deux jours après : nos troupes débarquèrent, le 1er août, à Hammamet et occupèrent cette ville.

Dans le mois d'août, il ne se passa aucun incident digne d'être cité. Nous attendions la fin de la saison des chaleurs et l'abaissement de la température pour reprendre une vigoureuse offensive.

Au mois de septembre, on occupa Sousse. Le désordre n'avait cessé de croître dans cette ville où plusieurs assassinats avaient été commis. Le lieutenant-colonel Moulin arriva à Sousse, le 10 septembre, avec trois bataillons des 48e, 66e et 116e d'infanterie et une batterie d'artillerie de montagne.

Le débarquement s'opéra rapidement et sans résistance ; nos soldats entrèrent dans la ville par la porte Bab el Djedid. Le gouverneur Baccouch et les notables vinrent recevoir le lieutenant-colonel Moulin.

Tandis que Sousse était occupée par nos troupes, le général Sabattier livrait une série de combats aux dissidents, qui cherchaient à couper l'aqueduc de Zaghouan. Les révoltés parvinrent même à endommager le canal, mais le général Sabattier fit réparer la conduite d'eau sous la protection de ses troupes, et infligea aux Arabes des pertes considérables. A la suite de ces combats, nous eûmes 7 tués et 15 blessés.

Le 17 septembre, la colonne Corréard ayant fait sa jonction avec celle du général Sabattier, ce dernier put disposer de troupes suffisantes pour préserver l'aqueduc de Zaghouan.

Le 21, il partit avec trois bataillons d'infanterie, un escadron de cavalerie et une batterie d'artillerie, pour faire une reconnaissance sur Ben Saïdan ; il rentra dans son camp trois jours après.

Le 25 septembre, il rencontra les dissidents. Le 28e bataillon de chasseurs, qui était à l'avant-garde, les poursuivit de ses feux et leur fit subir des pertes sensibles. Ce bataillon ramena cinq chevaux et n'eut qu'un homme blessé.

« A Sousse, le lieutenant-colonel Moulin faisait d'excellentes opérations (1). »

Dès son arrivée à Sousse, il s'était occupé à purger les environs des maraudeurs. Le 14, il faisait une promenade militaire autour de la ville sans rencontrer personne ; le 15, il bousculait les Arabes à Kalaa Kebira et en tuait un certain nombre. Le 17, il passait la revue de ses troupes. Le 20, apprenant qu'un grand rassemblement d'insurgés se trouvait en position à Djebel, il partit pour l'attaquer ; il battit et dispersa les rebelles, leur tuant et leur blessant beaucoup de monde. Le lieutenant-colonel rentra ensuite à Sousse sans être inquiété dans sa marche et sans autres pertes que deux blessés (2).

Cependant Ali Bey livrait, dans les environs de Testour, plusieurs combats à la suite desquels les insurgés perdaient un certain nombre des leurs. D'un autre côté, le colonel de La Roque repoussait l'ennemi, qui s'était approché du Kef, et le lieutenant-colonel Debord faisait rétablir la voie ferrée de l'oued Zergua après l'incendie de cette gare et le massacre dont elle avait été le témoin.

On était arrivé au commencement d'octobre ; la saison devenait favorable pour les opérations militaires. Le gouvernement français était décidé à occuper Tunis ; la présence de nos troupes devenait nécessaire dans cette ville. Les agents du bey laissaient passer

(1) Dépêche du général Logerot au Ministre de la guerre (26 septembre 1881).

(2) Quelques jours après son arrivée à Sousse, le lieutenant-colonel Moulin, ayant été informé que des déserteurs de l'armée tunisienne se trouvaient en assez grand nombre dans les environs, se mit à leur recherche et parvint à en réunir 1200 qu'il envoya à Tunis avec une escorte.

aux insurgés des armes que l'on fabriquait même sous leurs yeux. On voulait également marcher sur Kaïrouan, la ville sainte, qui était devenue le centre de résistance des rebelles à l'autorité du bey.

Le général Saussier fut nommé commandant en chef du corps expéditionnaire en Tunisie. En même temps, le général de division Japy fut désigné pour prendre, sous les ordres du général Saussier, le commandement supérieur de la région nord de la Régence.

Le général Philebert (1) devait opérer dans les environs de Birin, tandis que le général de Saint-Jean était envoyé à Testour. Le général d'Aubigny était également pourvu d'un commandement sous les ordres du général Japy. Enfin, le général Etienne était arrivé à Sousse, le 30 septembre, avec trois bataillons des 19e, 31e et 138e d'infanterie, deux batteries d'artillerie et de la cavalerie (6e hussards). Ces troupes étaient destinées à former, avec celles du lieutenant-colonel Moulin, la 7e brigade, qui devait se diriger de Sousse sur Kaïrouan.

Le 7 octobre, le général Etienne voulut faire une reconnaissance dans la direction de Msaken. Il eut un engagement avec les insurgés, qui nous tuèrent deux hommes. Malheureusement on ne put reprendre leurs cadavres, qui furent odieusement mutilés (2).

La brigade campa à Msaken et rentra à Sousse, le 8 au matin.

Lorsque le bruit de cette nouvelle arriva à Tunis, la position du Belvédère avait été occupée par le gé-

(1) Sixième brigade, formée par les bataillons des 33e, 43e, 46e, 61e, 110e et 111e régiments d'infanterie, le 27e bataillon de chasseurs à pied et deux escadrons du 1er hussards.

(2) Voir la note II.

néral Logerot; le 10 octobre, à 8 heures 1/2, la ville reçut des troupes françaises à son tour, ainsi que les forts qui la défendent.

Le moment était venu où les mouvements concentriques des colonnes destinées à marcher sur Kaïrouan allaient commencer. On forma trois colonnes : à Tébessa (général Forgemol), à Zaghouan (général Saussier), à Sousse (général Etienne).

La colonne de Tébessa était composée des troupes des divisions d'Alger et de Constantine (1).

La colonne de Zaghouan comprenait les brigades Sabattier et Philebert, et les troupes que le général Logerot devait amener de La Manouba.

La colonne de Sousse était formée de la brigade Etienne.

L'augmentation des forces nécessaires pour les opérations qui allaient avoir lieu en Tunisie avait été obtenue par l'envoi de quatrièmes bataillons organisés en régiments de marche, sous le commandement de lieutenants-colonels. En outre, on avait porté au chiffre de 600 hommes l'effectif de tous les bataillons qui y avaient été envoyés. A la fin de septembre, les troupes suivantes se trouvaient en Tunisie :

5 bataillons de chasseurs à pied;
6 régiments de cavalerie;
46 quatrièmes bataillons d'infanterie;
1 batterie à pied;
12 batteries de montagne;
3 batteries montées;

(1) Quatre conseils de guerre avaient été constitués en Tunisie, savoir : le 1er à La Manouba, le 2e à Aïn-Draham, le 3e à Sfax, et le 4e à Gabès; un 5e conseil de guerre fut constitué le 8 octobre 1881, dans la colonne de Tébessa.

6 compagnies du génie ;
7 compagnies du train des équipages (1).

Ce qui donnait comme effectif total de l'armée d'occupation un chiffre de 36,965 hommes. On estimait à environ 20,000 hommes le chiffre des troupes qui composaient les colonnes marchant sur Kaïrouan.

Le général Forgemol avait la route la plus longue à parcourir, mais sa colonne était composée de troupes d'Afrique, habituées au climat et rompues à la marche.

Le 16 octobre, la division Forgemol (environ 8,000 hommes), composée des brigades d'infanterie de La Soujeole et de Gislain, et de la brigade de cavalerie commandée par le général Bonie, était réunie au camp de Beccaria, à 13 kilomètres de Tébessa.

Le 17, le général Forgemol quitta son camp et arriva le même jour à Ras el Aïoun, sur la frontière tunisienne.

La brigade de cavalerie fut envoyée à Haïdra pour reconnaître le camp du lendemain et appuyer les goums qui éclairaient la division. Deux cents à trois cents cavaliers Fraichichs attaquèrent vigoureusement nos premières lignes de goums, qui fléchirent un instant; mais une charge de quatre escadrons du 3e chasseurs d'Afrique les culbuta rapidement et les obligea à la retraite avec une perte de 10 à 12 tués.

Les Fraichichs s'étant ralliés, à quelque distance, à d'autres groupes de dissidents qui se trouvaient dans les bois, revinrent presque aussitôt et recommencèrent la lutte. Le 3e chasseurs d'Afrique et le 4e hus-

(1) Voir la note I.

sards soutinrent le choc de l'ennemi pendant trois heures et le décidèrent à se retirer. La rentrée au camp eut lieu à 7 heures du soir. Ce combat nous coûta 5 tués, une quinzaine de blessés français et indigènes et une vingtaine de chevaux blessés.

Le 19, la colonne Forgemol campa à Haïdra ; elle arriva le lendemain à Dhanout el Hadjem sans avoir été inquiétée ; le 22, elle s'installa au camp, à Ras Aouinet el Guenem, et, le 23, après avoir repoussé une nouvelle attaque des Fraichichs, elle passa la nuit à Enchir Sbira. Le 24, la division campa vers l'oued El Hateb, près de Coudiat el Halfa.

Dans la journée du 25, la cavalerie du général Bonie soutint le choc de 3,500 cavaliers ennemis, et eut 2 hommes tués et 12 blessés dont 7 assez grièvement. Le 26, au matin, les sentinelles tuèrent un Arabe qui voulait pénétrer dans le camp. Le 27, le mouvement en avant de la division fut inquiété par des attaques fréquentes sur les flancs et sur la queue de la colonne; mais l'ennemi fut toujours maintenu à de grandes distances et les feux bien réglés de l'infanterie et de l'artillerie ont dû lui faire éprouver des pertes sensibles. A partir de cette journée, la colonne ne fut plus inquiétée dans sa marche sur Kaïrouan.

La colonne du général Saussier était réunie le 21 octobre à El Oukanda, près du défilé de Foum el Karrouba. Ali Bey vint à Zaghouan occuper l'emplacement du camp du général Sabattier, tandis qu'une partie des troupes du général Philebert (1) était désignée pour garder le défilé et opérer contre la tribu des Ouled

(1) La brigade Philebert avait quitté Birin le 17 octobre.

Arfa, que l'on voulait empêcher de rejoindre les insurgés.

Le restant des troupes, sous le commandement des généraux Saussier, Logerot et Sabattier, devait marcher sur Kaïrouan. Le général de Saint-Jean commandait la cavalerie et le colonel de Condé l'artillerie. Le colonel tunisien Allégro, à la tête du goum, devait ouvrir la marche. Ce goum, qui venait d'être créé, était appelé à rendre de grands services dans les passages difficiles que nos troupes allaient avoir à traverser.

Le 22, au matin, la division Logerot s'engagea dans le long et difficile défilé de Foum el Karrouba, où elle ne trouva qu'une résistance facilement détruite par les compagnies d'avant-garde. Le convoi campa à la sortie du défilé, sous la garde de cinq bataillons, et le général Saussier envoya les cinq autres bataillons de la brigade Sabattier s'emparer des puits de Djebebina.

Le général Saussier quitta Djebebina le 25, au matin, et campa le soir vers l'oued Mebhena; le 26 octobre, il etait à Bir el Bey. La colonne Allégro poussa une reconnaissance jusqu'à 3 kilomètres de Kaïrouan, et une autre reconnaissance, opérée par les chasseurs à cheval, permit d'augurer que la colonne Saussier ne serait pas inquiétée dans sa marche sur Kaïrouan.

Voyons maintenant ce qu'était devenue la colonne de Sousse.

La brigade Etienne (7e brigade) était composée de deux colonnes : l'une, commandée par le lieutenant-colonel Lanes, quitta Sousse le 20 octobre et alla camper à 7 kilomètres à l'ouest de cette ville, près du village de Kalaa Srira, afin de protéger le départ de l'autre colonne, commandée par le lieutenant-colonel Moulin. Ce dernier devait participer au mouvement concentrique sur Kaïrouan et amener dans cette ville un convoi de ravitaillement aux divisions Logerot et Forgemol.

Le 21, le camp de Kalaa Srira fut attaqué par 600 cavaliers. Une charge de deux escadrons du 6e hussards les eut bientôt repoussés et l'ennemi faisait une perte cruelle : il comptait parmi ses morts le caïd Ali ben Amar, l'un des principaux chefs de l'insurrection (1).

On attribue à cet événement la désorganisation qui commença à régner parmi les insurgés, et l'on prétend que la mort de ce chef important fit perdre aux Zlass toute idée de résistance devant la ville sainte et les décida à se rejeter dans le sud.

Le lieutenant-colonel Moulin vint camper le 22 à l'oued Laya, à 16 kilomètres de Sousse, et y séjourna les 23 et 24 octobre.

Le 23, il soutint un combat dans lequel les Arabes eurent une soixantaine de morts. La colonne Lanes vint le rejoindre le 24, dans l'après-midi.

Le 25, au point du jour, la brigade Etienne quitta l'oued Laya. On laissa, en réserve au camp, 2,000 hommes, sous le commandement du lieutenant-colonel Lanes.

Les troupes qui allaient entrer les premières à Kaïrouan comprenaient 3,300 hommes, dont 2,500 combattants seulement. Elles étaient commandées par le lieutenant-colonel Moulin, qui avait pour officier d'ordonnance le lieutenant Walewski (2). Le général

(1) Voir la note II.

(2) Le lieutenant Walewski, qui appartenait alors au 66e d'infanterie, est actuellement capitaine adjudant-major au 76e d'infanterie. Nous remercions cet officier des renseignements qu'il nous a donnés et des documents qu'il a bien voulu mettre à notre disposition.

Etienne et son chef d'état-major, le colonel Mieulet, dirigeaient la marche.

Le départ du camp fut des plus pittoresques. Dès 2 heures du matin les convoyeurs indigènes avaient commencé à charger les 2,000 chameaux, les 1,500 mulets et les 600 charrettes qui composaient le convoi d'où les divisions Logerot, Forgemol et la brigade Etienne devaient tirer leurs vivres pendant quinze jours. On avait en outre emporté 18,000 litres d'eau comme suprême ressource.

Dès le départ on avait adopté la marche en grand carré. L'infanterie formait chacun des quatre côtés, la cavalerie protégeait les flancs, l'artillerie, le convoi et les services spéciaux occupaient l'intérieur du carré (1).

La colonne campa le soir au puits de Sidi el Hani. On n'avait aucune nouvelle de la colonne Logerot : plusieurs fusées furent tirées ; il ne fut pas répondu à ces signaux.

Le 26, au point du jour, la brigade Etienne quitta le camp et arriva, vers 11 heures du matin, à 4 kilomètres de Kaïrouan, sans avoir rencontré un seul Arabe.

« On devine quelle a dû être l'impression de nos troupes en arrivant devant la cité mystérieuse fermée à tout chrétien, et où l'on croyait que le fanatisme musulman allait tenter un suprême effort (2). »

Le lieutenant-colonel Moulin prit les devants avec deux escadrons du 6e hussards, et fit une reconnaissance autour de la ville. Le drapeau blanc flottait sur la casbah et sur le haut du minaret de la grande mosquée. On frappa à la porte principale de la ville.

(1) Voir la note III (ordre de marche de la colonne Logerot).
(2) R. Cagnat et H. Saladin (*Voyage en Tunisie*).

Le gouverneur tunisien, le général Si M'Rabet, fit ouvrir la porte et ne tarda pas à aller, en compagnie du lieutenant-colonel Moulin, à la rencontre du général Etienne. Il lui remit les clefs de la ville sainte au nom de S. A. Mohammed es Sadok, fidèle ami et protégé de la France (1).

Nos troupes entrèrent dans Kaïrouan au son du clairon; un bataillon du 48e occupa la casbah ; les principaux quartiers de la ville furent également garnis de troupes, et le reste de la colonne, après avoir traversé la ville, vint camper à l'est des remparts.

Le 27, les généraux Logerot et Sabattier arrivèrent devant Kaïrouan. Le général en chef Saussier commandait les troupes, le général tunisien Allégro l'accompagnait.

Le 28, au matin, il fit son entrée dans la ville et vint camper à côté des troupes du général Etienne. Le général Philebert était resté en arrière, à plusieurs jours de marche.

Dans la soirée du 28, le général Forgemol vint au camp des généraux Saussier et Etienne déjà installés sous les murs de Kaïrouan, et le lendemain il se présenta devant la ville avec sa division.

Les Zlass avaient quitté Kaïrouan le 25, veille de l'arrivée de la brigade Etienne, après avoir imposé aux Maures de la ville une forte contribution et avoir pillé un certain nombre de leurs maisons. Ils se retirèrent dans la direction du sud avec leurs familles, leurs troupeaux et tout ce qu'ils purent emporter.

L'entrée de nos troupes à Kaïrouan jeta un profond découragement parmi les tribus fanatiques, persuadées

(1) Le lieutenant-colonel Moulin fut promu au grade de colonel deux jours après son entrée à Kaïrouan, le 28 octobre 1881.

que la ville sainte n'avait pas à redouter le contact des infidèles. Le chemin de fer Decauville, dont le matériel avait été apporté à Sousse vers le 15 octobre et qui fut construit plus tard entre cette ville et Kaïrouan, nous permit en outre de faire de cette place un point de ravitaillement important pour les colonnes mobiles qui eurent à opérer dans le centre et le sud de la Régence.

Après la prise de Kaïrouan, les corps de troupes réunis sous les murs de cette ville s'occupèrent de la pacification du centre, du sud et du sud-est de la Régence.

Le général de Saint-Jean part le 31 octobre, avec trois bataillons et quatre escadrons, pour visiter le djebel Ousselet où se sont retirées certaines fractions des tribus insurgées. Il rentre, le 7 novembre, après avoir échangé quelques coups de fusil avec les dissidents et avoir obtenu leur soumission.

Le colonel Moulin part à son tour, le 6 novembre, avec une colonne légère de trois bataillons et de deux escadrons, pour nettoyer le pays au sud de la route de Sousse à Kaïrouan et visiter le pays des Ouled Ydir qui ont rejoint dans le sud le gros des insurgés.

La brigade Philebert remonte vers le nord et va prendre position sur le revers sud oriental du massif des Ouled Ayar, qu'elle doit attaquer de concert avec les colonnes que le général Japy doit envoyer du nord et de l'ouest.

Le restant des troupes fait, avec les généraux Saussier et Logerot, un double mouvement vers le sud afin de traquer et de refouler les insurgés rejetés dans cette direction.

Le général Saussier prend le commandement de la colonne du général Forgemol et se dirige sur Gafsa, tandis que le général Logerot marche sur Gabès.

Le général Saussier arrive, le 13 novembre, à Gilma avec la colonne de Tébessa. Ayant appris qu'une forte émigration composée de Drid, de Hammama, rejoignait dans le sud le chef de l'insurrection, Ali ben Khalifa, il réunit toute la cavalerie de la colonne sous les ordres du général Bonie. Celui-ci, appuyé à de grandes distances par des échelons d'infanterie, s'élança à la poursuite des rebelles, les atteignit, et, combattant tantôt à pied, tantôt à cheval, enleva leurs positions, les sabra dans la plaine et parvint enfin à capturer tout le convoi des insurgés, les tentes, plusieurs milliers de moutons, plusieurs centaines de chameaux, etc.

Le général Bonie rentra au camp, ayant fourni avec ses escadrons un raid de 86 kilomètres. Nos pertes furent insignifiantes. Celles de l'ennemi parurent avoir été sensibles et ses morts restèrent sur le terrain (1).

Le 16 novembre, la colonne Saussier atteignit l'oued Fekka ; le 18, elle arriva au camp de Cerminia ; le 20, elle rentrait à Gafsa.

Une fois installé à Gafsa, le général Saussier envoya des colonnes légères dans diverses directions, afin d'achever de désorganiser la résistance dans le sud tunisien (2) et d'appuyer les opérations du général Logerot. Il fit en même temps venir, de Négrine sur Gafsa, le colonel Jacob, qui arriva avec des troupes et un convoi de ravitaillement.

(1) Dépêche du général Saussier au Ministre de la guerre.

(2) Le lieutenant-colonel Lenoble envoyé à Nefta y arriva le 26 novembre.

La colonne Logerot, qui s'était mise en marche deux jours après la colonne Saussier, arriva le 20 novembre à El Founi. Dans la nuit du 20 au 21, une colonne composée de quatre escadrons de cavalerie, de deux bataillons d'infanterie et d'une section de montagne, se porta, sous les ordres du général de Saint-Jean, vers le djebel Douara et surprit, à 8 heures du matin, plusieurs fractions des Ouled Khalifat; un grand nombre de tentes, de chameaux, de bœufs, de moutons tombèrent en notre pouvoir. Le 26 novembre, le général Logerot arrivait à Gabès et, dès le 2 décembre, il était en communication avec le général Saussier.

Cependant les colonnes de La Roque, d'Aubigny et Philebert entraient, le 21 novembre, dans le massif des Ouled Ayar, qui, se voyant cernés et dispersés, finirent par demander l'aman.

Les troupes d'Ali Bey étaient rentrées à Tunis. Le général Lambert qui avait été nommé, par décret du 16 octobre, commandant supérieur de la place de Tunis, les passa en revue et s'occupa de la réorganisation de l'armée beylicale.

Le général Saussier, voyant que la pacification du pays touchait à sa fin, laissa à Gafsa une colonne mobile pour contenir, avec celle de Gabès, les rebelles au delà des chotts jusqu'à ce qu'ils eussent fait leur soumission. Il fit ensuite remonter vers le nord la colonne Forgemol et laissa le général Logerot terminer ses opérations autour de Gabès. Le 8 décembre, le général Saussier se trouvait à Férianah, et, le 13, il arrivait à Tébessa. Le lendemain, toute la colonne Forgemol était rentrée sur le territoire algérien.

Tandis que le colonel Jacob recevait les khalifats des villes du Djerid, qui étaient venus le trouver pour protester de leurs intentions pacifiques, le général Logerot achevait la soumission des tribus situées sur les confins de la Tripolitaine. Dans la journée du 14 décembre, il châtia les dissidents auxquels il mit hors de combat 70 hommes, dont 21 tués. Le 21 décembre, il rentra à Gabès et repartit le 24 pour Sousse. Arrivé le 6 janvier à Sfax, il quitta cette ville le 10, et atteignit, le 14, le village d'El Djem. La colonne arriva à Sousse le 24 janvier.

La soumission des tribus était presque complète. On considérait la fin de l'expédition comme très prochaine. Dès les premiers jours de février, on étudiait au ministère de la guerre la formation des corps de troupes destinées à tenir garnison sur les points de la Tunisie que le gouvernement jugeait utile d'occuper. Ce fut seulement vers le 15 avril que le rapatriement partiel du corps expéditionnaire commença. Les troupes laissées en Tunisie, et qui formèrent le corps d'occupation, comprenaient : un régiment de zouaves, deux bataillons de chasseurs à pied, vingt-quatre bataillons d'infanterie et sept compagnies mixtes.

Actuellement, le corps d'occupation comprend un régiment de zouaves (le 4e), un régiment de tirailleurs (le 4e), deux bataillons de chasseurs à pied (27e et 29e), huit bataillons d'infanterie appartenant aux 6e, 19e, 25e, 48e, 83e, 101e, 115e et 119e de ligne ; une compagnie de fusiliers de discipline et deux détachements de gendarmerie (à Tunis et à Sousse).

« Le traité du 12 mai, dit M. Reinach, ne conclut ni à une annexion, ni à une conquête. Calqué sur les nombreux traités passés par l'Angleterre avec les souverains indépendants de l'Inde, il se contente d'assurer d'une manière permanente et par les moyens les plus légitimes, d'une part, la sécurité de nos frontières algériennes et, de l'autre, notre juste influence sur notre plus prochain voisin. Suivant une heureuse comparaison (1), la Tunisie sera désormais à notre France africaine ce que les goums sont à nos troupes régulières..... »

Sous l'action bienfaisante de la France, la Tunisie jouit de la plus grande tranquillité, depuis la frontière tripolitaine jusqu'à celle de l'Algérie.

Ali Bey, qui a succédé à son frère Mohammed es Sadok, le 27 octobre 1882, poursuit, sous la sage et habile direction de M. Cambon (2), notre ministre résident à Tunis, cette œuvre de progrès et de civilisation commencée par ses prédécesseurs.

Le bey a accordé l'aman aux dissidents réfugiés dans la Tripolitaine; lorsque la mort eut frappé Ali ben Khalifa, le chef de l'insurrection, il écrivit, au commencement de janvier 1885, à ceux qui n'étaient pas encore rentrés, une lettre pour les engager à revenir en Tunisie (3).

Les écoles, les établissements de bienfaisance sont autant d'œuvres par lesquelles s'exerce l'action de la France. La Régence, ce pays naguère abandonné, ruiné et plongé dans le plus profond chaos, présen-

(1) *République française* (16 mai 1881).

(2) M. Cambon a succédé à M. Roustan le 18 février 1882. Un décret du 23 juin 1885 règle les pouvoirs et les attributions du représentant du Gouvernement en Tunisie (Voir la note IV).

(3) L'émigration des dissidents, qui, au nombre de soixante mille, avaient passé la frontière après les événements du Sud, avait privé l'agriculture d'un nombre considérable de bras et des terres assez étendues étaient restées incultes. M. Cambon, à son arrivée en Tunisie, s'occupa de cette question, et, grâce à de sages mesures, grâce à l'habileté de M. Feraud, notre consul à Tripoli, presque tous les dissidents avaient reçu l'aman et étaient revenus prendre possession de leurs terres.

tera bientôt, sous notre protectorat, un tableau surprenant d'ordre, d'économie et de bonne administration.

La population musulmane des villes a pris goût à l'étude de la langue française. En dehors des collèges et des écoles où les parents envoient leurs enfants, des cours de français ont été créés pour les adultes, et ces cours, très fréquentés, sont appelés à un grand succès. En 1882, il y avait à peine deux ou trois cents enfants européens apprenant le français ; aujourd'hui on compte plusieurs milliers d'élèves de toute nationalité.

La justice française, installée dans la Régence depuis deux ans, a été acceptée l'année dernière par toutes les puissances.

Un arrêté de M. Cambon a constitué une chambre de commerce française à Tunis, conformément aux dispositions des lois françaises.

Bientôt la loi immobilière sera appliquée : elle assurera à chacun la jouissance des biens acquis, sans crainte de revendications ultérieures, et sera un véritable bienfait pour le pays.

Enfin, par décret du 1er avril 1885, « les communes de la Régence ont été réorganisées sur des bases nouvelles et dans un esprit très libéral. Ce décret détermine la formation des communes ; le fonctionnement des conseils municipaux dont les séances sont publiques, leurs attributions, celles du président de la municipalité ; il organise la police municipale, le service des travaux publics et la voirie ; fixe les règles d'après lesquelles doit être établi le budget des ressources communales, sont perçues les différentes taxes et sont rendus les comptes de gestion des receveurs municipaux, etc....

Cette organisation, calquée de très près sur la législation de la France, aura certainement pour effet de remédier au désordre de l'administration tunisienne. Elle fait grand honneur à notre ministre, M. Cambon, qui en a été l'inspirateur, et au bey, qui a eu l'intelligence d'en apprécier les mérites » (1).

(1) *Gazette géographique* (avril 1885).

NOTES ET PIÈCES JUSTIFICATIVES.

NOTE I.

Le 1er avril 1882, les troupes françaises qui se trouvaient en Tunisie formaient deux divisions : 1° la division du Nord ; 2° la division du Sud (1).

1° *Division du Nord.*

La division du Nord, commandée par le général Japy, comprenait :

1° Le commandement des places de Tunis et de la Goulette (général Lambert, à Tunis) ;

2° La subdivision de Testour (général d'Aubigny, à Tebourba) ;

3° La subdivision d'Aïn Draham (général Guyon-Vernier, à Aïn Draham) ;

4° La subdivision de Tunis (général Maurand, à Tunis).

Les troupes qui avaient contribué à former la division du Nord, appartenaient aux bataillons de chasseurs à pied et aux régiments suivants :

Infanterie.

29e	bataillon de chasseurs à pied..	Aïn Draham.
30e	—	Mateur.

(1) Renseignements donnés à l'auteur par M. Albert Moussy, lieutenant au 127e régiment d'infanterie.

1er régiment d'infanterie	....	Tunis.
8e —	....	Tebourba.
18e —	....	Aïn Draham.
20e —	....	Tebourba.
22e —	....	Aïn Draham.
38e —	....	Bizerte.
57e —	....	Béja.
73e —	....	Aïn Tounga.
80e —	....	***
83e —	....	El Kef.
84e —	....	Testour.
87e —	....	Zaghouan.
88e —	....	Hammam Lif.
92e —	....	Zaghouan.
96e —	....	Ghardimaou.
101e —	....	Tunis.
114e —	....	La Goulette.
115e —	....	Tunis.
118e —	....	Tunis.
119e —	....	Hammam Lif.
122e —	....	El Kef.
127e —	....	Medjez el Bab.
128e —	....	El Kef.
142e —	....	Béja.
143e —	....	Tabarca.
4e zouaves	....	Tunis et la Goulette.
1re comp. de fusilliers de discipline.		Souk el Arba.

Cavalerie.

11e hussards	....	Tebourba, La Goulette, La Manouba.
11e hussards	....	Tunis, Aïn Tounga, Zaghouan.
13e chasseurs	....	El Kef, Tabarca, Ghardimaou.
3e spahis	....	Aïn Draham.

Artillerie.

12e régiment,	8e batterie.......	Tabarca.
13e —	10e —	Béja, El Kef.
16e —	13e —	Aïn Draham.
19e —	1re —	Tunis, Bizerte, Tabarca.
26e —	3e —	El Kef.
27e —	9e —	Hammam Lif.
31e —	9e —	Hammam Lif.
33e —	10e —	Medjez el Bab, Aïn Tounga.
34e —	10e —	Tunis.

2° *Division du Sud.*

La division du Sud (général Logerot) comprenait :

1° La 5e brigade (général Sabattier), à Sousse, El Djem et l'Enfida ;

2° La 6e brigade (général Philebert), à Gafsa, Gabès et Oued Gilma ;

3° La 7e brigade (général Etienne), à Kaïrouan, Sidi el Hani, l'Oued Laya, Sousse et El Melah ;

4° La brigade dite *de la côte* (général Jamais), à Sfax, Mahédia, Gabès, Houmt Souk et El Kantara.

Les bataillons de chasseurs à pied et les régiments qui avaient contribué à la formation de cette division, étaient :

Infanterie.

23e bataillon de chasseurs à pied .	El Melah.
27e —	Gafsa.
28e —	Sousse.
6e régiment d'infanterie........	Gabès.
14e —	Ras el Oued, Gabès.
19e —	Sousse et l'Oued Laya.
25e —	Gabès.
46e —	Gafsa.

48e régiment d'infanterie........	Kaïrouan.
55e —	Sfax.
61e —	Gafsa.
62e —	Kaïrouan.
65e —	Sousse et l'Enfida.
66e —	Kaïrouan.
71e —	Djerba.
77e —	Ras el Oued, Gabès.
78e —	Djerba.
107e —	Ras el Oued, Gabès.
111e —	Gafsa.
125e —	Sousse, El Djem.
135e —	Sousse.
136e —	Sfax.
137e —	Ras el Oued, Gabès.
138e —	Kaïrouan.

Cavalerie.

1er hussards....................	Gafsa, Ras el Oued, Gabès.
1er —	Oued Gilma.
6e —	Kaïrouan, l'Oued Laya.
6e —	Sidi el Hani.
7e chasseurs..	Sousse.

Artillerie.

9e régiment, 10e batterie.......	Sousse.
10e — 9e —	Kaïrouan.
13e — 9e —	Sfax.
13e — 10e —	Djerba.
29e — 10e —	Kaïrouan.
31e — 10e —	Gafsa.
32e — 10e —	Sousse.
35e — 9e —	Ras el Oued.
35e — 10e —	Sousse.

A ces troupes, il faut ajouter 7 compagnies du train des équipages, stationnées à La Manouba, Aïn Draham, Tunis, Sousse, Gafsa, Kaïrouan et Sidi el Hani ; 5 compagnies du génie dont les différents détachements se trouvaient à Tunis, Bizerte, Medjez el Bab, Tabarca, Aïn Draham, El Kef, Kaïrouan, Sidi el Hani, Sousse, Gabès et Gafsa ; et les troupes d'administration (1 section d'ouvriers, 1 section d'infirmiers, 1 section de secrétaires d'état-major).

NOTE II.

Nous avons extrait du *Voyage en Tunisie*, publié dans le *Tour du monde*, par MM. R. Cagnat et H. Saladin, la chanson suivante, que l'on entend encore à Kaïrouan et à Sousse, sur la mort d'Ali ben Amar.

1. O douleur sur Ali ! on apporte une nouvelle; est-il vrai, ô Islam, que Sobra (1) ait fermé ses portes ?

2. O douleur sur Ali ! et sur son fils; avec lui à la journée de Kalaa on a coupé sa main.

3. O douleur sur Ali ! frère d'El Akri ! on l'a apporté de Kalaa de bonne heure.

4. O douleur sur Ali ! son beau-frère Nesseur était monté sur un cheval gris de fer dont la crinière traînait à terre.

5. O douleur sur Ali, frère de Fatime ! au milieu des infidèles il a planté sa tente.

6. O douleur sur Ali, frère de Lateifa ! au milieu des infidèles son sabre s'est épanoui.

7. O douleur sur le cheval gris d'Ali, qu'il avait acheté à Kalaa onze cents (piastres) !

8. Dites à ma mère : Pourquoi gémis-tu ? Si c'est sur Ali, le chrétien l'a tué.

9. Dites à ma mère : Pourquoi te lamentes-tu ? Si c'est à cause d'Ali, il est dans le jardin, étendu.

10. Dites à ma mère : Pourquoi attends-tu ? Si c'est Ali, il a obtenu le paradis.

11. O douleur sur Ali ! mon cœur aime ce guerrier qui a

(1) Sobra ou Sabra, nom que les Arabes donnent quelquefois à Kaïrouan.

combattu les infidèles jusqu'à la Porte de l'Ouest (Bab el Gharbi, à Sousse) (1).

12. O douleur sur Sobra, ô douleur sur elle ! les infidèles y sont entrés et y ont gouverné.

13. O douleur sur Ali ! sa tribu l'a volé ; à la journée de Kalaa elle a fui avec son coursier.

14. Dites à ma mère : Ne vends pas ma jument ; Mohamed grandira et me vengera (2).

(1) Allusion au mouvement de retraite du général Etienne, dans lequel on laissa 2 cadavres du 138e aux mains des Arabes. (Voir p. 118).

(2) Cette chanson a été recueillie à Kaïrouan et traduite par M. J. Abribat.

NOTE III.

Colonne Logerot en marche (campagne du Sud).

Extrême avant-garde, le goum.

Pointe d'avant-garde, 1 escadron.

Avant-garde, 1 bataillon en colonne à distance entière.

A 200 mètres en arrière vient le groupe du convoi (artillerie, génie, ambulance, trains) marchant sur le plus grand front possible.

A 100 mètres environ en arrière vient le convoi de chameaux.

A 200 mètres en arrière, le bataillon d'arrière-garde, en colonne de bataillon ; plus loin, escadron.

Entre la queue du convoi de chameaux et la tête du bataillon d'arrière-garde sont les *arabas* et les mercantis.

Flanqueurs : ils marchent à 200 mètres sur les flancs du convoi et sont couverts par des pelotons de cavalerie. Les bataillons flanqueurs de tête couvrent le premier groupe ; ils marchent en colonne à distance entière, maintenant leurs sections de tête à hauteur de la section de queue de l'avant-garde.

Les flanqueurs des chameaux sont en colonne à double distance ; leurs sections de tête, à hauteur de la tête du convoi de chameaux.

Les flanqueurs de queue marchent en colonne à distance entière ; leurs sections de queue à hauteur de la section de tête de l'arrière-garde.

La marche a lieu en sortant par une face quelconque ; généralement on sort par la première face.

Le bataillon N° 1 de cette face est d'avant-garde : le N° 8 (2e de la même face) devient flanqueur de gauche ; le N° 2 (2e de la 2e face) est flanqueur de droite, et ainsi de suite. (Voir les fig. 1 et 2.)

Tous les jours, les bataillons appuient d'un cran vers la droite, de manière à être successivement à l'avant-garde, en flanqueurs et à l'arrière-garde.

Fig. 1. (Établissement au camp.)

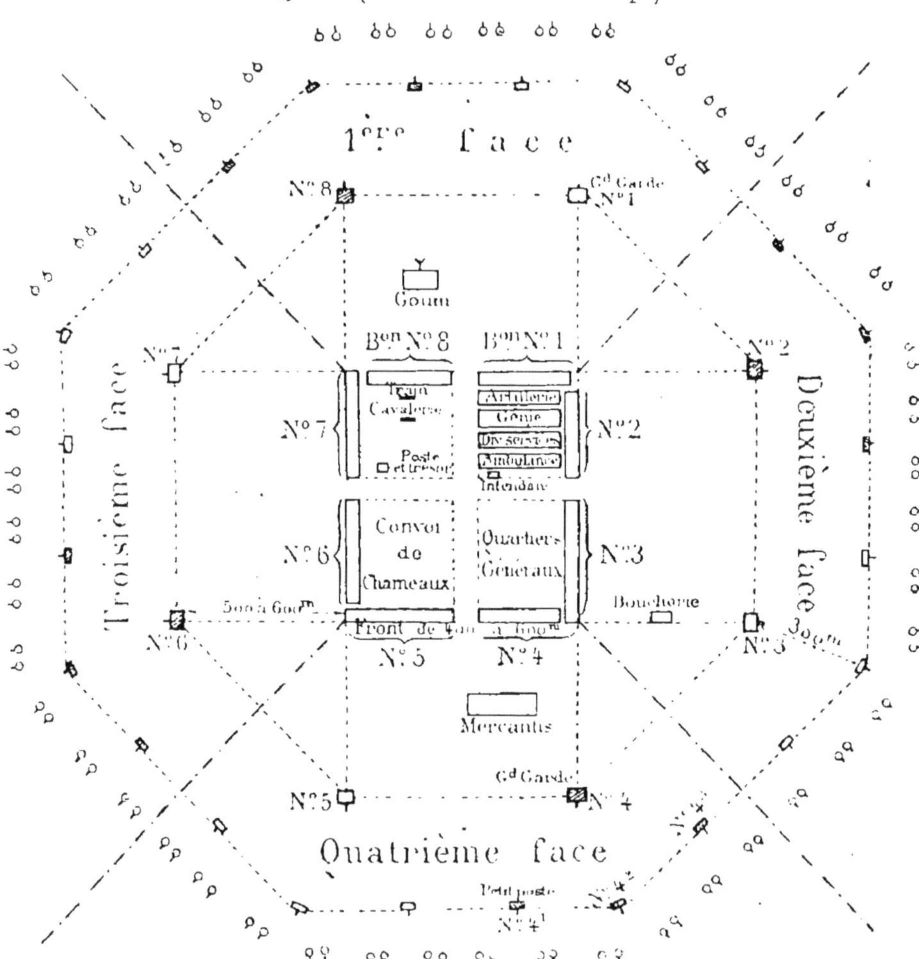

Une demi-heure avant le départ du bataillon d'avant-garde, le clairon de la division sonne « aux champs » pour annoncer qu'on doit charger les mulets. Le goum part à ce moment.

Les divers bataillons ou groupes rompent successivement ; il fallait généralement un quart d'heure pour la mise en mouvement de toute la colonne.

Fig. 2. (Colonne en marche.)

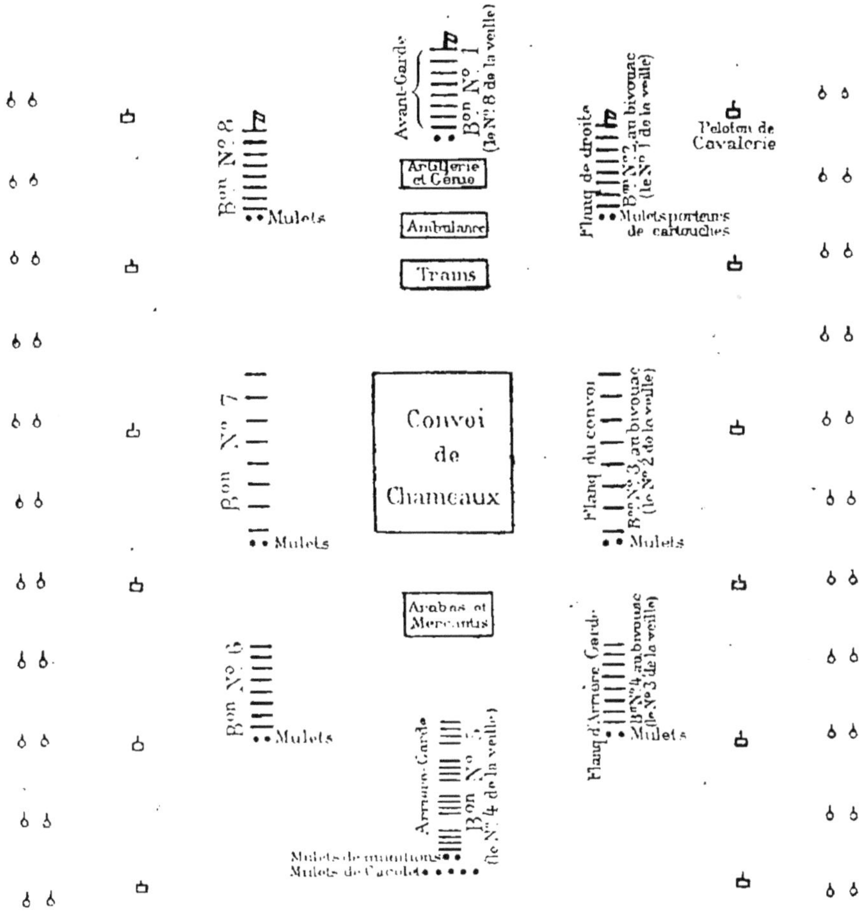

Nota. — Les numéros des bataillons sont ceux des emplacements qu'ils occuperont après la marche, quand on aura formé le camp.

Longueur approximative de la colonne en marche.... 1410 mèt.
Largeur — — — .... 500 mèt.

Après 50 minutes de marche, le commandant du bataillon d'avant-garde fait sonner le refrain de la division et « halte ».

Les échelons serrent et répètent la sonnerie au moment où ils s'arrêtent.

Pour reprendre la marche, l'avant-garde sonne « Garde à vous » et, une minute après : « En avant ». Les divers échelons répètent successivement, et les clairons sonnent quelques reprises. Pendant les grand'haltes, chaque bataillon se couvre par une section.

A l'arrivée au camp, les bataillons trouvent les faces jalonnées par les cavaliers de l'avant-garde, et chacun d'eux sait à l'avance sur quelle face il doit se porter : les compagnies de grand'garde se portent dans le prolongement des faces et détachent 3 postes : petits postes et grand'gardes se fortifient immédiatement. Chaque chef de bataillon est personnellement responsable de sa grand'garde (1).

(1) Nous devons la communication de cette note à l'obligeance de M. le capitaine Laporte, attaché à l'état-major de la 10e division d'infanterie.

NOTE IV.

Le décret du 23 juin 1885 règle les attributions et les pouvoirs du ministre-résident à Tunis. Ce décret est le suivant :

Art. 1er. — Le représentant du gouvernement de la République française en Tunisie porte le titre de résident général et relève du Ministre des affaires étrangères.

Art. 2. — Le résident général est le dépositaire des pouvoirs de la République dans la Régence. Il a sous ses ordres les commandants des troupes de terre et de mer et tous les services administratifs concernant les Européens et les indigènes.

Art. 3. — Il a seul le droit de correspondre avec le gouvernement français. Exception est faite pour les affaires d'un caractère purement technique et d'ordre intérieur dans chaque administration française. Ces affaires pourront être traitées directement avec les ministres compétents par les chefs des différents services institués en Tunisie.

Art. 4. — Le résident général communique avec les divers membres du gouvernement par l'intermédiaire du Ministre des affaires étrangères. Il les saisit sans délai de toutes les questions qui intéressent leur département.

Art. 5. — Le décret du 22 avril 1882 est abrogé en ce qu'il a de contraire aux dispositions sus-énoncées.

FIN DES PIÈCES JUSTIFICATIVES.

TABLE DES MATIÈRES.

INDEX ALPHABÉTIQUE.

C

D

E

F

G

L

M

T

Paris. — Imprimerie L. Baudoin et Cie, 2, rue Christine.

A la même librairie :

Géographie militaire. — VI. **Algérie** Géographie physique; par le commandant **Niox**, avec une carte d'Algérie au 1/1,600,000e. Paris, 1884, 1 vol. in-12 avec croquis et figures dans le texte. Broché. 6 fr.
— *Le même*, cartonné toile. 7 fr.

Géographie militaire et maritime des colonies françaises; suivie d'un aperçu sur la géographie militaire et maritime des colonies anglaises; par **Recoing**, capitaine d'infanterie breveté, professeur adjoint de géographie à Saint-Cyr. Paris, 1885, 1 vol. in-12, avec cartes. 4 fr.

Le marabout de Sidi Fatallah. Episode de l'insurrection tunisienne (1881-1882); par le capitaine **Bou-Saïd**. Paris, 1884, 1 vol. in-12 illustré. 3 fr. 50

Scènes de la vie musulmane. — **Lalla-Mouïna**, par le capitaine **Bou-Saïd**, avec une lettre d'Alexandre Dumas fils. Paris, 1886, 1 vol. in-12. 3 fr. 50

Espagne et Maroc. Campagne de 1859-1860; par **Chauchar**, capitaine d'infanterie. Paris, 1862, 1 vol. in-8 avec 3 pl. 7 fr. 50

Expédition du Mexique (1861-1867). Récit politique et militaire, par G. **Niox**, capitaine d'état-major. Paris, 1874, 1 vol. gr. in-8, avec atlas in-folio de 6 cartes ou plans gravés. 15 fr.

La guerre civile aux États-Unis d'Amérique, considérée au point de vue militaire pour les officiers de l'armée allemande. Campagnes : de la Péninsule sous Mac-Clellan (1862), de Pope contre Richemond (1862), de Hookes contre Richemond (1863), invasion des Sudistes en Pensylvanie (1863); siège de Charleston (1863); campagne de Grant contre Lee (1864); expédition de Sherman en Géorgie. Infanterie, cavalerie, artillerie et génie, stratégie, marine, service de santé, biographies de J. B. Stuart, Stonewal, Jackson, Sherman, Grant, Lee; par **J. Scheibert**, major au corps royal des ingénieurs prussiens; traduit par J. Bornecque, capitaine au 3e régiment du génie. Paris, 1876, 1 vol. in-8 avec 4 planches. 7 fr.

La guerre carliste, récit sommaire des événements militaires depuis le commencement jusqu'à la fin de l'insurrection (1873-1876); par **Martner**, capitaine d'état-major. Paris, 1876, 1 vol. in-12 avec 2 cartes. 2 fr.

La campagne des Russes dans le khanat de Kokhand (août 1875, janvier 1876), par **M. Weil**, capitaine au 3e régiment territorial de dragons, attaché à l'état-major du Ministre de la guerre (Extrait du *Journal des sciences militaires*). Paris, 1876, broch. in-8 avec une carte et deux plans. 2 fr. 50

L'expédition du général Skobeleff contre les Tourkmènes et la prise de Ghéok (Denghil) Tépé. Paris, 1881, 1 vol. in-8 avec 4 planches. 3 fr. 50

Guerre d'Orient de 1877-1878. — **Opérations de l'armée roumaine pendant la guerre de l'indépendance.** Journal d'un officier, par **P. St. Vassiliou**, lieutenant d'artillerie dans l'armée roumaine. Paris, 1880, 1 vol. in-8 avec 5 planches. 4 fr.

Paris. — Imprimerie L. Baudoin et Ce, 2, rue Christine.

www.ingramcontent.com/pod-product-compliance
Ingram Content Group UK Ltd.
Pitfield, Milton Keynes, MK11 3LW, UK
UKHW021047200726
13857UKWH00003B/854

9 782012 968318